我们一起解决问题

向好而生

积极心理学的10大发现

[英]夏洛特·斯泰尔（Charlotte Style）◎著

丁 敏◎译

Brilliant

Change Your Life
With Positive Psychology

人民邮电出版社

北 京

图书在版编目（CIP）数据

向好而生：积极心理学的10大发现 ／（英）夏洛特
·斯泰尔（Charlotte Style）著；丁敏译. -- 北京：
人民邮电出版社，2020.7
　　ISBN 978-7-115-53889-5

　　Ⅰ. ①向… Ⅱ. ①夏… ②丁… Ⅲ. ①心理学 Ⅳ.
①B84

中国版本图书馆CIP数据核字(2020)第069019号

内 容 提 要

　　清晨起床时你是否对新的一天充满希望？你多久没有完全沉浸在喜悦的情绪中，而是强颜欢笑？当你实现了期望已久的加薪目标后，你的幸福感能维持多久？在日复一日的婚姻生活中，你是否还记得伴侣身上曾让你感动的闪光点？上述问题涉及一门有关幸福的学科——积极心理学。

　　积极心理学的研究领域涉及影响人类生活、思想和行为的所有方面，它致力于将积极向上的心理传递给众人，展现了真正能改善人们生活的有效实践和行为。

　　本书基于积极心理学的原理、实践和最新研究成果，讨论积极心理学在生活、工作、人际交往、个人发展等方面的应用。作者通过丰富的案例、练习、洞见、技巧，指引我们在实践中发现更好的自己，让我们更幸福、更有成就感。

　　本书适合所有想拥有幸福人生的人士阅读。

◆　　　著　　[英]夏洛特·斯泰尔（Charlotte Style）
　　　　　译　　丁　敏
　　责任编辑　田　甜
　　责任印制　彭志环

◆人民邮电出版社出版发行　　北京市丰台区成寿寺路11号
邮编 100164　电子邮件 315@ptpress.com.cn
网址 https://www.ptpress.com.cn
北京七彩京通数码快印有限公司印刷

◆开本：880×1230　1/32
印张：7.75　　　　　　　　　　2020年7月第1版
字数：180千字　　　　　　　　2024年11月北京第12次印刷
著作权合同登记号　图字：01-2020-1605号

定　价：49.90元
读者服务热线：（010）81055656　印装质量热线：（010）81055316
反盗版热线：（010）81055315
广告经营许可证：京东市监广登字20170147号

目　录

第三章 积极情绪：实现自我调节，促进正向发展

想要实现自我发展，至少要让积极情绪比消极情绪多三倍。消极情绪导致"抗争"或"逃避"，而积极情绪能让我们实现自我调节、促进正向发展、提升创造力。

第四章 积极自我：做更多你爱做的事，设定更适当的目标

那些发挥自身优势完成目标的人更可能实现终极目标，也更可能获得成就感。

第五章 情感健康：与自己及他人建立更好的关系

与他人建立良好的关系受我们与自身关系的影响。与自身建立良好的关系包括与我们的情感建立良好的精神关系。

第六章　心理韧性：如何增强适应力

生活好似一场微妙的冒险之旅，艰难险阻既能削弱斗志，也能磨炼意志，适应力强的人不一定比别人更自信，但他们拥有更好的应对策略。

第七章　目标感：持续幸福来自有意义、有目标的生活

生活目标是过有目标的生活。

第八章 拥有智慧：开启精神修行之旅

积极心理学在检验何谓丰盛的人生时发现，这种人生是充满智慧的，快乐的和知足的人拥有智者的诸多个性特征。

第九章 身体健康：健康体魄与健康思想相辅相成

幸福对健康的影响大于健康对幸福的影响。拥有健康的体魄和健康的思想是世界上关于快乐的最言简意赅的表述。

第十章 成就感：在工作中运用积极心理学

我们会将一生中的很大一部分时间投入工作，工作不愉快不仅会降低工作时的幸福感、满意度和积极能动性，还会对生活的其他方面产生消极影响。

第一章
积极心理学的魅力

世上恐怕没有比讨论幸福生活更受关注的事情了，而真正理解幸福生活的人少之又少。积极心理学告诉你，幸福的人会做出何种选择以及选择的原因。

世上恐怕没有比讨论幸福生活更受关注的事情了，而真正理解幸福生活的人少之又少。

——塞涅卡（Seneca）

积极心理学告诉我们应该做什么，其研究领域涉及影响我们生活、思想和行为的所有方面。积极心理学基于科学的方法来研究人类获得满足感、健康及幸福所需要具备的品格和技能，以及它们的表现形式。积极心理学不仅让我们的思想和行为变得更积极，还教会我们如何做最好的自己；积极心理学让我们理解、学习如何更好地体验生活。

最有趣的是，研究发现，积极心理学能让我们懂得感恩、积极思考、慷慨赠予、做明智的选择，以及改善人际关系。

积极心理学讨论有关幸福生活的主题，它密切关注何种要素才能促进、超越所谓的"自我实现"，激发人们充分发挥潜力。

积极心理学会为你解答以下几个问题。

- 做什么才会让你变得积极
- 为什么说乐观不仅是指看向好的方面
- 什么东西让你更长寿、更健康
- 如何才能拥有好的人际关系
- 你为什么喜欢多样化和挑战
- 你为什么应该感激自己所拥有的一切
- 自我接纳的重要性
- 有意义、有目标的生活为何至关重要
- 了解并发挥自身优势为何对个人幸福而言是重要的
- 生活如何令人满意（生活本该如此）

研究表明，富裕不会让我们更幸福。只要能付得起账单，人们对生活和幸福的满足感就不会增加；事实上，在收入达到一定水平后，幸福感反而会下降。

然而，感恩你所拥有的（哪怕损失钱财）会让你更幸福！

■■■ 示例 ■■■

近几年的研究表明，被要求将一部分收入赠予他人的人，比随意花这笔钱的人更幸福。

背景与历史

心理学起初旨在对人进行观察，久而久之这些科学知识更多地用来确定异常的心理状态。"积极的"心理学是指在活跃的大脑中追溯快乐的源头。

检验、思考并指明幸福生活的方向，在心理学领域不算新鲜话题。我们引用了人本主义心理学家的多部著作，其中最有名的是戈登·奥尔波特（Gordon Allport）、亚伯拉罕·马斯洛（Abraham Maslow）和卡尔·罗杰斯（Carl Rogers）的作品。近几年流行的认知行为疗法（Cognitive Behavioral Therapy，CBT）和过去 25 年中生命教练和神经语言学（Neurolinguistic Programming, NLP）的发展表明，积极心理学家开始关注部分领域中最实际的运用，包括有效指导和自我发展实践在内的干预法，如感激、重新架构、形象化、订立目标（有意义、可实现且基于价值的目标）、专注、改变思维模式并发挥自身优势，都能在心理学和哲学领域找到根源。

积极心理学的目标

积极心理学凝聚了社会学家、人类学家、临床心理学家、遗传学家、生物学家、人本心理学家以及哲学家的智慧。这是我们第一次将多门学科统一起来并检验促进个人和文化发展的因素。

书店的书架上急缺能改变我们生活的书籍。现有的很多著作只是畅销书，并非基于严谨的研究撰写的。积极心理学越来越清晰地展现出真正能改善人们生活的有效实践和行为。在新概念下，所有以人类发展为对象的研究领域首次达成了统一。

有趣的是，研究结果表明，健康的人为进一步发展而运用的一系列策略与心理学专家所采用的方法大相径庭。心理学专家采用的策略和信仰与积极心理学提倡的核心原则与实践更相近。

积极心理学可以应用于生活中的各个领域并促使这些领域在发展过程中获得能量。立法者、教育工作者、医务人员、商务人士、公共部门从业者和个人都应该运用积极心理学。

作为一种观念，积极心理学是如何形成的

"积极心理学"诞生于新墨西哥海滩。马丁·塞利格曼（Martin Seligman）博士与米哈利·查克赞特米哈伊（Mihaly Csikszentmihalyi）在那个地方巧遇——当时塞利格曼听到有人（后来知道此人名叫米哈利）在海上呼救并把他救上岸。在这次奇妙的相遇后，二人发现他们的研究方向竟然是一致的：他们都想拓宽心理学知识，让它关注构成健康、幸福人生的共同要素。查克赞特米哈伊当时正在研究"心流"概念，塞利格曼在研究习得性无助以便于他更好地理解那些能抵抗、克服逆境的人。积极心理学作为一门新兴学科诞生，心理学家在以下方面的工作为新兴的心理学领域奠定了基础。

积极心理学的关键概念包括以下诸多方面。

- 乐观
- 优势心理学
- 心流
- 主观福祉
- 心理福祉

- 幸福

- 选择

- 感激

- 时间观念

- 正向情感

- 情商

- 目标达成

- 自我接纳与自我价值

- 希望

- 适应力

- 意义性

- 目标

- 智慧

- 精神修行

本书将带你了解上述关键概念。它们在生活中随处可见，具有实用价值。我们有必要先解释何谓幸福、如何对其进行量化，以及阐述基于大量研究的观点和结论。

幸福与福祉

尽管人们经常用福祉（Well-being）来表达幸福（Happiness），但福祉比幸福的内涵更深，幸福、福祉与生活满意度相互交织，是描述积极生活的最佳方式。主观福祉是表达幸福在感知和情绪方面特质的最佳术语，福祉为测量正向情绪奠定了基础。

如何衡量幸福和福祉

用以检验、衡量影响幸福和福祉的所有研究与调查均可纳入积极心理学的范畴。积极心理学衡量能影响我们生活质量、健康和寿命的一切事物，例如拥有幽默感，能恰当地处理问题，能走出逆境，不一而足。事实上，衡量方法有数百种，其中许多方法能在积极心理学研究中得到证实和校验。积极心理学将这些发展中的研究合为一体，重点分析我们该如何行动和反应，以及会受到何种特质和因素的影响。

■ ■ 示例 ■ ■

积极心理学家爱德温·迪纳（Ed Diener）开展了一项针对45个国家的100多万人的调查，在衡量幸福和生活满意度的所有样本中，他发现人们的平均幸福度为6.75分（分值0 ~ 10分）。

练习

现有的用以评估主观幸福感的专业测量法是生活满意度量表（Satisfaction with Life Scale），它包含五种假设。不妨回答以下问题并打分。

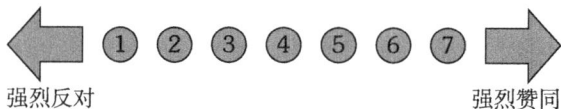

⬅ ① ② ③ ④ ⑤ ⑥ ⑦ ➡

强烈反对　　　　　　　　　　　　　　　　强烈赞同

（1）我的生活基本接近于我的理想。

（2）我的生活条件优越。

（3）我对自己的生活感到满意。

（4）至今我从生活中得到了自己想要的宝贵的东西。

（5）如果生活可以重来，我会改变一切。

把五道题的得分加总，结果如下所示。

- 31～35 分：非常满意
- 26～30 分：满意
- 21～25 分：稍微满意
- 20 分：态度中立
- 15～19 分：稍有不满
- 10～14 分：不满意
- 5～9 分：非常不满

研究发现

研究发现，基因能决定幸福。人生来即可体会幸福，幸运的人更幸福。好的方面是我们能影响幸福感。本书将告诉你，最快乐的人在做什么以及积极心理学如何帮助你培养积极的生活态度，让你有更多的机会获得幸福感。

幸福是福祉的中心，是对良好感觉的一般性描述，体验到正向情绪表明你一切都好。请记住：幸福是一种副产品，把幸福看得太重或不断反思自己是否幸福，幸福反而会离你而去。使自己幸福的方法不一而足。

没有事物是孤立的

幸福生活没有万能钥匙。研究表明，我们的所做和所想是协调一致的。然而，让我们困惑的是，影响福祉的因素很多，一次只能做一件事，否则会存在风险。

幸福和福祉让我们的精神、情感与身体相互关联。提升生活幸福感时其他方面也被照亮。

福祉与生活有千丝万缕的联系，建议你从感觉良好的地方开始。我们与福祉的关系包括以下几个方面。

- 运动能影响我们的身心和情绪。
- 良好的感觉影响我们的思想和健康。
- 情感能激发不同的思考能力。
- 我们的想法影响我们的感受。
- 学习新知识能帮助我们调整情绪和心理。
- 精神健康影响身体健康。
- 为了共同目标发挥身体、情感与心理的作用，可以让自己更强大。

练习

接下来的两分钟不要想象自己喝柠檬茶的情景。如何做到？

大脑恶作剧

当你刻意不去想某事时，大脑会形成一个反馈回路，它强化了大脑不去想的那些事物。不想柠檬茶时你还会感觉口渴吗？在我们细想消极的事或想中止困难的事（如暴饮暴食或吸烟）时，甚至当我们感到悲伤，想立刻停止这种想法时，我们就已经建立了这种回路。战胜那些控制我们想法的强烈情感很难，而我们的想法可能又会激发强烈的情感，这看似是自相矛盾的。不去想令人感觉欠佳的事反而会强化这些想法和感觉，就像柠檬茶的例子所示。

积极心理学能帮助我们认清自己能做什么，增加积极想法和感觉，这样做并不难。如果只是尝试克服自身的弱点和恐惧，甚至想象自己永远不会产生负面情绪，反而会让自己更消极。了解自身优势，积极发挥情绪的作用，从短期、长期来看都能让我们更轻松，获得更快乐的体验。无论情况好坏，我们都能活得更真实。

选择的力量

积极心理学的研究重点与生活方式息息相关，更重要的是，它能告诉我们如何在生活中做出选择。

下文列出了选择体验和获得福祉的方式，其中有些因素关乎你如何、为何做选择，即你选择如何去想和如何感受。这些影响构成了你的复杂性，只有你自己才能改变或增加影响自身选择的因素。

（1）**你的需求和价值观。** 基本需要是因人而异的，只有对自己最重要且自己最珍视的事物才是你所需要的，你应该选择自己需要的东西。

（2）**做出回应。** 由于他人的行为会影响你的选择，因此你通常会基于他人的行为和外部环境来做出回应。

（3）**对群体的适应力。** 决定加入哪个群体取决于它是否符合你的社交需求。你在文化和社会规范下进行选择，你决定做你觉得应当做的事往往是因为他人认为你应当做。

（4）**自主性**。高度自由、不受限地选择。选择"创新""兴奋"和"不确定"是为了享受当下的快乐。

（5）**习惯**。凭自身习惯做选择，跟着感觉走，做你一直在做的事，不要有顾虑。

（6）**理解**。选择自己能理解且对自己有意义的事。当你能理解自己为何想做某事时，你就有理由选择做这件事。

洞见　　积极心理学告诉你，最幸福的人会做何种选择以及做出这种选择的原因。

请你问自己以下几个问题。

- 我现在选择做什么？
- 我愿意改变吗？
- 我对自己拥有的事物感到满意且心存感谢吗？我还想拥有更多吗？
- 我想活出自己还是想按照他人的期望生活，我做出选择了吗？
- 我直面问题还是去寻找解决方法？
- 我会从错误中吸取教训，还是认为那个错误只是失败？
- 我会憧憬未来，还是仍然未对过去释怀？
- 我希望安逸还是冒险？

- 我会慷慨赠予他人礼物吗？
- 我选择去评判自身和他人，还是想看到自己和他人最好的一面？

接下来，你可以选择你感兴趣的章节进行阅读。

- 第二章进一步介绍幸福、心理福祉的含义，以及你与时间和选择的关系为何会影响幸福感。
- 第三章探索良好感觉的重要性，解释我们为何应当积极寻找积极情绪，以及什么方法让幸福更持久、更令人满意。本章会帮你发现、体验更多的即时乐趣。
- 第四章帮助你挖掘自身优势、激发积极性，进而实现自己真正关注的目标。
- 第五章探索情商问题，让你思考何谓情感以及如何与他人建立情感联系。
- 第六章分享积极心理学在适应力方面的发现，包括"如何思考""做什么能改变自己的想法""乐观和其他策略如何帮助你更好地处理各种事务"。
- 第七章告诉你拥有明确的方向和目标的人为何更容易满足，以及如何在生活中发现更多意义和目标。
- 第八章谈论智者的共同特性，帮助你开启一场精神修行之旅。
- 第九章帮助你思考如何保持身体健康。心理福祉有赖于健康的体魄。
- 第十章分享与职场积极心理学相关的研究。

第二章

幸福和心理福祉：超越即时快乐

了解什么才能让你真正快乐，比试图让快乐的体验最大化更能让你感到幸福。如果你想了解幸福的含义，就要将它视为奖赏，而非目标。

不再试着让自己更幸福，这样你才能真正享有幸福时光。

——伊迪丝·华顿（Edith Wharton）

本章讨论什么才能让你真正感到幸福，超越即时快乐才能孕育更强的幸福感。本章介绍了三个话题：（1）幸福和发展所依赖的六大基本心理需求；（2）你与时间的关系对幸福和福祉的影响；（3）面临多种选择为何无法让你更幸福，而选择变得幸福为何可以增强幸福感？

变得幸福和感觉良好比即时享乐更有意义。什么事物能让我们感到幸福？我们对"幸福"这个词的理解因人而异。幸福是我们行为和体验的副产品，当我们感到快乐时，我们能让生活变得更有价值，也能为他人的生活创造价值。变得幸福很重要，因此我们有必要更好地理解幸福。

> **洞见**　　了解什么才能真正让你快乐，比试图让快乐的体验最大化（这会令你不快乐）更能让你感到幸福。

许多人可能觉得下列事项会让他们幸福。

- 更有钱
- 有更漂亮的房子
- 减轻体重
- 换新车
- 换新工作
- 换新男友或新女友

这些影响幸福感的事情的效果转瞬即逝，真正的幸福来源于你的行动和想法。

获得幸福的两种方法

幸福的两个主要特点是：（1）体验即时快乐，即无论现在参加什么活动都能体验其中的乐趣；（2）知足，这种幸福感更持久、更令人满意。

1. 享乐型幸福观

上述"体验即时快乐"在古希腊被称为享乐型幸福观。仅以这种方式寻求幸福的人被视为追求享乐的人或享乐主义者。在当下感到快乐并找到乐趣是一种绝佳体验。享乐型幸福感令人兴奋，因为它强调即时体验正向情绪（如喜悦、快乐和兴奋）。

　　然而，产生即时欢愉的事情大多数都存在一个问题——它们往往不能给我们带来持久的快乐。我们很快习惯了之前期望得到的事物，它不再像当初那样让我们快乐，甚至中彩票也只能维持短暂的幸福感，这一现象称作"享乐适应"（Hedonic Treadmill）。我们生活的世界往往为了让我们享乐并获得片刻的满足感而利用这种需求，源源不断地满足人们贪婪的享乐习惯。本章和第三章的主题是，让人们有更多的机会获得幸福感和正向情绪，避免产生"享乐适应"现象。

2. 实现论幸福观

　　第二种幸福观是完善论幸福观，它旨在描述有关幸福的自我实现感、满足感及更持久的幸福感。希腊哲学家提出，"实现论"涉及真实自我的潜能与实现感。积极心理学与希腊哲学家得出了相同的结论：倾尽所能，发挥个人潜力，获得实现感与幸福感。

　　许多人觉得后一种幸福观更有价值。事实上，对二者做比较、做评判会使我们错失其中的要义，生活既要即时享乐也要拥有持久的幸福。通常，让我们快乐的事会成为让我们发挥智慧去寻找、实现更高目标并发挥自身潜能的关键。我们在当下感到快乐，我们享受的事以某种方式增长和发展，这时即时的正向情感不再漂浮不定、稍纵即逝，而是会成为让我们茁壮成长的源泉。第三章我们会更详细地介绍。

幸福感的构成

积极心理学家谢尔顿（Sheldon）、柳博米尔斯基（Lyubomirsky）和斯考特（Schotti）创立了一种幸福方程式，它将研究分为三类，它们共同构成一般意义上的幸福感（见图 2-1）。

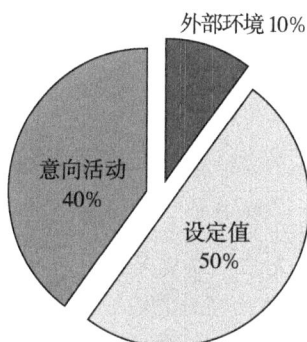

外部环境10%

意向活动
40%

设定值
50%

图 2-1　幸福感的构成

- 基因设定值（S=50%），表示你与生俱来的感知幸福的能力。
- 生活条件（C=10%），表示你可以和不可以改变的事，包括生活环境、生活和工作的地点、婚姻状况、工作类型、是否要换乘公交，以及健康和财富。
- 自愿活动（V=40%），表示你为了获得快乐所做的短期和长期选择。

请注意，生活条件在幸福感中的比例最小。健康和财富对幸福感的影响远远小于自愿选择所产生的影响。柳博米尔斯基与其他积极心理学家通过研究发现，那些"感觉自己最幸福"的被试具有下列共同点：

- 拥有丰富、积极的社会生活，有时间陪朋友和家人，与他们一同努力；
- 对生活所赠表示感恩；
- 慷慨助人；
- 拥有积极的人生观；
- 享受当下，品位生活的乐趣；
- 每周至少锻炼一次，甚至每天健身；
- 怀有雄心壮志，努力朝目标奋进；
- 在面对困难、灾难和逆境时能发挥优势、积极应对。

在接下来的章节，我们将进一步讨论这些特点和实践。花些时间看一看你满足哪几项。

幸福与悲伤

众所周知，无论遇到什么事，有些人总是会找理由抱怨，希望事情是另一副样子。同样，我们也会遇到爱笑、常怀喜悦的人。这不是说我们不能悲伤。某人拦住一位正在哭泣的佛教徒，他对眼前的情景感到好奇，因为他相信佛教总能为人们带来幸福。僧侣回答："我哭是因为我的朋友去世了。"悲伤的事的确令人伤感。在我看来，卡里·纪伯伦（Kahlil Gibran）的《先知》（The Prophet）之"论哀乐"篇对此有深刻的见解——幸福和悲伤同处一室，令我们喜悦的事也能令我们悲伤。选择接受悲伤是生活的一部分，正如幸福和喜悦是福祉的一部分。快乐的人也会产生消极情绪，只是快乐的人能接受悲伤，而不是反抗或否定它。

积极心理学常被指责，其只能激发人的积极方面，初看起来的确如此，而我们将会看到，这份"幸福"事业比单纯的"非好即坏"的评判更有意义。

如果你想了解幸福的含义，就要将它视作奖赏而非目标。

——**安东尼·圣·埃克苏佩里**（Antoine de Saint-Exupery）

幸福：衡量心理福祉的方法

心理福祉不代表一定幸福，而幸福是心理福祉的要义。幸福、喜悦、满足、实现感和兴奋描述良好的感觉，表示"一切都好"；悲伤、悲惨、愤怒和恐惧则指向消极情绪。

当"正常感受消极情绪"与那些指明"我们不能获得正常发展"的消极情绪混合时，我们会感到困惑。正向情感是美满生活的产物，幸福是富足生活的重要因素却不是它的定义。快乐、实现感和生活满意度是衡量自我实现和幸福感的一般指标。

然而，只有当我们能满足所有基本心理需求时才能获得发展。

著名心理学家亚伯拉罕·马斯洛（Abraham Maslow）指出了基本心理需求的种类。马斯洛的需求层次理论（见图 2-2）在当下依旧适用，但需要拓展和改进。生活不仅要满足我们自己的需求，真正幸福的人会积极地回馈社会。有证据显示，马斯洛还增加了第六层需求——"自我超越"的需求，它是指对人类进步、利他和博爱的需求，以及与他人产生共情。这些需求希望人们看向外部世界，超越自身。

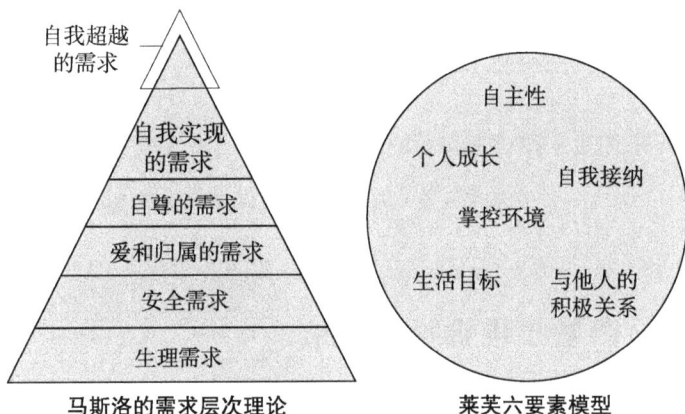

图 2-2　马斯洛的需求层次理论与莱芙六要素模型

心理福祉

心理福祉意味着心理适应、感觉良好（与感觉不良相对），它是积极心理学的主要评估指标。在积极心理学家卡罗尔·莱芙（Carol Ryff）看来，想要真正地获得发展就需要在六个主要方面表现良好，这六点共同构成、促进了心理福祉，让人们拥有美好、幸福的体验。

心理福祉的基本要素：

（1）掌控环境；

（2）自主性；

（3）目标感；

（4）个人成长；

（5）自我接纳；

（6）维持积极的人际关系。

尽管这六点在马斯洛需求层次理论中分层呈现，但它们之间并没有阶层之分。这些类型仍然基于传统心理学对情感和心理功能的关注，你可以自行对照，从中发现有关心理福祉且需要你关注的方面。

心理福祉的根基有多强

幸福与掌控环境

生活充满挑战，我们要运用日常技能实现最基本的需求，从而在工作中获得自我实现感。

新生儿是乐趣与挑战的来源，你在照料他们时会变得更自信、更快乐。同样，当你明白自己具有做好某事的技能时，从事较高要求的工作会让你更满足。掌控环境需要你处理、组织各种活动，充分利用机遇。

请牢记幸福感的构成：10% 的幸福由生活条件决定。我们并非总能全面掌握环境，如果你希望更好地控制生活环境，就要明确哪些是自己可以改变的，而哪些是不能的。你是否感觉自己能掌控生活（也许比你想象得更有能力），或者你是否感到自己受环境的支配？

练习

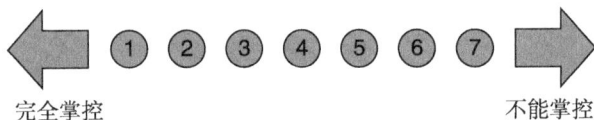

完全掌控   不能掌控

花时间评估自己能在多大限度上控制以下几个方面。

- 你的工作
- 你的家（你生活的地方）
- 你的财务状况
- 你的社会生活
- 你的爱／性生活／浪漫的生活方式

写出让你庆幸自己拥有的三个方面：

写下某种你想改变的生活条件，或希望处理得更好的生活方面。请描述如何才能让这一切更容易管理：

现在，有什么机会可以帮你更好地管理环境？

以上问题能让你关注自己对环境掌控力的大小。请记住，你不可能处理好所有生活条件，你可以控制很多条件并管理相对重要的环境。控制力（至少是一种控制感）基于我们的技能和认知能力，了解并接受我们无法改变的，管理和改变我们能改变的。

在生活中有效控制、运用条件可以增强幸福感。生活环境不断变化，虽然有些状况和条件是我们无法改变的，但我们可以改变自己的观念。尝试改变观点和视角是把控环境的一种有效途径。

研究表明，住得离工作地点太远会大大影响幸福感和生活品质。换乘公交会让人不开心，这种情况不易改变。由此可见，对某事缺乏控制力会让我们不快乐，例如交通堵塞、迟到，以及拥挤的火车会让人感到无助。这样会产生巨大的影响——即便涨了工资、从拥挤的市区搬到了郊区、住进了更漂亮的房子，很多人也会感到不愉快。然而，那些积极看待通勤往返时间（在途中听音乐或读书）的人会更幸福。

幸福与自主性

拥有自主性是指，无论在何种情况下你都能自由选择、独立思考。人们有必要为自己考虑并对自己行为的后果负责。

研究人员对拥有部分掌控力和责任感会产生何种效果进行了研究，研究表明，在住疗养院的人中，有些人能自行决定看什么电影、决定探访的时长，以及家具的摆设和植物的照料方式，而另一些人只能按别人的选择行事，需要别人照料自己。相比之下，有控制力的人不仅更快乐，还更积极、更警觉，几年后可能会活力倍增！

自主性就是多为自己考虑，它是积极能动性的主要因素。

缺乏自主性是指：

- 决定做事前顺从他人的观点和判断；

- 屈从社会压力；
- 放弃目标。

拥有自主性是指：

- 明白自己想做什么；
- 对自己的想法和行动负责；
- 能独立思考和行动。

建立自主性的方式如下：

- 为自己设立可征服的挑战，找到支持你的人；
- 不要过度自省或顾虑太多；
- 警惕消极想法并学会说"我可以"（详见第六章）；
- 做更多你爱做的事（详见第四章）；
- 承担责任（详见第八章）。

纯粹为了做好一件事而去做时，请享受其中，你会变得积极主动、充满活力。相较于激励或报酬，这会是一个更积极的力量。毋庸置疑，绩效奖金会增强人们执行任务的积极性；然而一旦决定解决问题，报酬不仅会降低人们的积极性，也可能降低完成任务的效率。

■ ■ 示例 ■ ■

研究表明，如果孩子发现他们完成拼图游戏就能得到奖励，那么其积极性就会下降。

这个研究及其他许多例子表明，当内在能动性被外部奖励破坏时，就会产生"过度合理化效应"。当奖励和以目标为导向的激励过多时这种效应就会显现（该效应的适用范围：有关解决问题和思考策略的任务和活动）。

控制是一种根本需要！自主性和对环境的掌控赋予我们控制力。

- 自主性为我们提供动力，让我们更自立。
- 技能和掌控力让我们获得积极的心理控制力。

练习

自由思考和基于自我意志的行动是一种积极能量，它让我们感到快乐。回答下列问题会让你了解从何处才能获得最大的自主性和自由度。本书所有问题的答案由你而定，阅读本书时你会更了解自身的优势和不足。

- 你觉得什么时候最能做自己？
- 你在何时感到真正拥有行动自由？
- 你什么时候会承担责任？
- 在发表意见时，你留意过自己评论的是哪个方面吗？
- 在感受到自主性时你会做什么？哪些是你自愿且不计回报地去做的事？

幸福与目标

目标感意味着什么？它能在多大程度上指导和影响你做选择？有目标感会让你产生追求目标的理由，它鼓励你设定更实际的目标，从而体验实现论幸福观、方向感和自我实现感。当你不走运时（如没假期也没生活方向），你知道自己该做些什么吗？找到你珍惜的并弄明白什么人或事对你才是重要的，是你建立挑战和树立重要目标的理想起点。有目标感意味着你拥有清晰的目标，能够适应更多的生活经历并愿意为之增色添彩，你的行动会因此变得有意义、有方向。

- 你知道眼下的目的是什么吗？
- 你力求实现什么目标？
- 什么事对你最有意义？

第七章将更详细地解答上述问题。

幸福与个人发展

在个人发展中你会明白什么对自己最有意义。个人发展要求你接受变化、调节自身、应对生活的顺境与逆境。当你拥有持续发展的意识时，你就能知道自己可以发挥哪些潜能了。

研究表明，能否拥有成长型思维模式（而不是固执己见）是成功者和失败者的重要区别。拥有成长型思维模式的人知道学无止境。适应能力和学习能力是影响幸福、健康的关键要素。我们总要面对挑战和变化，拥有成长型思维模式的人热爱挑战和新体验，他们能够抓住挫折和失败为自我改善和发展带来的机会。当你自愿学习时，促进个人发展的态度便油然而生。

在《心态制胜：新成功心理学》（*Mindset：The New Psychology of Success*）这本书中，作者卡罗尔·德韦克（Carol Dweck）解释了我们对自身能力和生活持包容态度会让我们成长和发展，而固执己见限制甚至削弱的不仅是我们的潜力，还有我们获得幸福的可能性。她还提到，我们不经常表扬那些面对、克服挫折时付出努力和进行抗争的人，尤其是年轻人。这是一种文化。

不犯错的人永远无法尝试新鲜事物。

　　——**阿尔伯特·爱因斯坦**（**Albert Einstein**）

拥有成长型思维模式的人会：

- 对新观念持开放态度；
- 不断学习（尤其是从挫折中学习）；
- 享受挑战；
- 相信自己的能力会得到提升；
- 相信生活、关系和个人会得到发展；
- 积极处理人际关系。

拥有固定思维模式的人会：

- 认为能力和智商是与生俱来的；
- 爱做评判；

- 在挑战和逆境面前心生胆怯；
- 相信只要利用人际关系就是错的；
- 相信努力做事是愚蠢的，而是认为应该顺其自然。

个人成长的类型：

- 智力发展：我们对世界加深了解，提升了推理能力；
- 情感成长：情感得到发展；
- 经验：用经验积极促进成长，进而做出改变；
- 自知之明：总能清楚地认识自己，充分发挥自身潜能。

研究表明，拥有成长型思维模式的人比拥有固定思维模式的人更可能实事求是地对待自身的发展及自身的能力。对成长、学习和发展持开放态度并不意味着会因能力的提升而自我膨胀，而是诚实地面对可能性和潜力。

练习

你对变化和发展持多大的开放态度？

回想一下你经历的艰难时期或某次事故。

- 你从中吸取了什么教训？
- 你如何做出改变？
- 你的生活因此有了怎样的改进？
- 你感谢此次经历为你带来了什么？

练习

发现你的思维模式

表明你同意还是反对以下陈述。

（1）你就是那样的人，无法做出真正的改变。

（2）你相信每个人都能改变，每种类型的人都能改变。

（3）你无法改变自身的基本方面，但你可以采用不同的方式做事。

（4）你总能改变自身的基本方面。

注意：陈述（1）和陈述（3）有关固定思维模式，陈述（2）和陈述（4）有关成长型思维模式。

如果你认同陈述（1）和陈述（3）就接着去思考：如果你相信人们不能改变，那么这意味着什么？更重要的是，如果你选择陈述（2）和陈述（4），你的生活会发生怎样的变化？然后列一份清单告诉自己哪里有机会学到更多，以及想要真正改善生活品质，你要了解什么？

幸福与自我接纳

请记住：没有人是完美的！如果你希望别人是圣贤，意味着你也应当是——那该有多困难啊！事实上，我们愿意接纳他人身上的脆弱、错误和弱点，就像爱他们的优点那样，我们也喜欢那些毫无保留接受我们的人。你是想做一个完美的人并爱上自己，还是毫无保留地接受真实的自己？自我接纳不是指自尊，自尊是有关你如何感受的，自我接纳是了解你是谁，珍惜你所拥有的，承认并爱上自己独特的天赋、古怪的喜好，甚至还有失败。

自我接纳要求你积极地看待自己。当你想从别人那里获得肯定和接纳时，你很容易误会别人的反应，对方轻微的怠慢或误解在你看来都将是排斥或反应过激。能接受自己是指，明白真实的自己是怎样的，包括好的、坏的方面。我们将在第五章至第八章做详细介绍。

自我接纳包括两个重要的方面：（1）积极地看待过去；（2）接纳自己，无须经过外部确认。你消极还是积极地看待曾经的自己？你是否在人们夸奖你和接纳你时才会感觉良好？

练习

将你从十岁起每年的收获列举出来。

我们经常将孩童时期的想法带入成年期，从孩子的视角看到的缺点事实上可能是优点。试着回想你每年面对和克服的（至少一个）挑战，或曾做过的积极的事情。试着回忆那些你在当时感到不满的事，同时列出你的收获。试着找出你能发挥创造力和你擅长的事情。如果觉得有困难，不妨让其他人帮你一起回忆。

积极关系

与他人交往、沟通并以某种方式建立关系是我们的基本需求之一。人际关系的成败将决定你持有的是享乐论幸福观还是实现论幸福观，以及决定你会获得怎样的福祉，这对你的心理健康很重要。

孤立自己、疏远他人在某种程度上是对自己的折磨或惩罚。

> **洞见**　　幸福者的共同点：充分、主动地融入社会生活，有好朋友和爱人。

幸福的人往往擅长社交，但是研究未表明拥有良好人际关系的人能否获得幸福，或者说非常幸福的人能否拥有令人满意的、良好的人际关系。拥有亲密的朋友、家庭支持和浪漫伴侣不仅有益于你的心理福祉，还有益于你的身体健康和道德感。

心理学家麦克·阿盖尔（Michael Argyle）列出了在人际关系中获得满足感的三个来源，它们满足基本关系需求：

（1）工具性求助；

（2）情感支持；

（3）友谊。

他还注意到，我们生活中最重要的关系会随时间的流逝而变化。年幼时，我们与父母建立亲子关系，青少年时期与朋友建立友谊，然后是与伴侣建立浪漫和爱的关系，到晚年时，友谊再次变成最重要的关系。

关系的品质比数量更重要

拥有值得信任的亲密朋友会让你更幸福。拥有少数几个好友比认识许多熟人更好。幸福的婚姻是获得福祉的关键因素，它比未婚同居更令人幸福。

我们在与他人相处时需要感同身受、信任对方、关爱对方，这需要我们拥有较高的情商。友爱、合作和心胸宽广的人更有可能享受亲密关系，在生活中感到满足。如果你无法分享自己的故事并豁达地对待自己，你会发现自己较难享受有意义的亲密关系。

我们相信那些相信我们的人，关心那些关心我们的人。几乎所有人际交往都基于互惠互助。心理学家乔纳森·海德（Jonathan Haidt）相信，互惠植根于内心，不仅因为我们喜欢将自己拥有的东西赠予他人，还因为我们在评价他人（赞同或反对）的过程中承担着社会责任。

> **洞见** 在一项实验中，心理学家菲尔·昆兹（Phil Kunz）给 578 名陌生人寄去写有他住址的圣诞贺卡，结果收到了 117 张回复，他甚至被其中一些人列为永久的圣诞祝福对象。从中我们能充分体会到互惠互利。

如果互惠是我们建立关系的方式，那又有什么会阻止你成为第一个这么做的人呢？

- 你能拿出自己的多少东西送给别人？
- 在生活中你有值得信赖的亲密关系吗？

第五章将介绍积极关系，帮助你提高情商和沟通技巧。

我们简单地梳理了对你的心理福祉和发展潜力至关重要的因素。接下来，我们看一看影响福祉和幸福的其他两个重要因素：时间和选择。

幸福与时间

活在当下，享受生活。第三章我们将进一步探讨你的健康、幸福会受到你与过去、现在和未来的关系的影响。

想象你是一杯含有沙子的水，杯子每次晃动时你都会感到不适。杯里的东西会向前、向后或向两侧晃动。向前晃表示着眼于未来，产生忧惧或期盼；向后晃表示回忆过去，怀旧或感到压力；向两侧晃表示你将自己与他人做比较，向右侧晃代表积极的比较（比"他们"更好让你高兴），向左侧晃代表消极的比较（你希望像"他们"那样）。杯子在舞动，沙子让清水变浑浊，每次产生的想法位于这四个方位中的一处，虽然干净的玻璃杯能改善心情和感受，但我们必然会四处晃动，而当我们在较大的空间里活动时，我们较难感到幸福。

当你太专注单一维度的时间时，幸福感会下降，你应当结合多维时间观（过去、现在和未来），与过去建立健康的关系，花时间享受当下，同时还要考虑未来。

享乐主义

我们需要关注当下，也要与过去和未来积极互动。仅仅在当下享乐就会导致骄奢淫逸，放纵欲望而不在乎明天会怎样。享乐者不会参加考试，也不甘于做平凡的工作，在最初的兴奋消逝后不会维持关系。享乐者除了在当下寻求快乐之外漫无目的。享乐者的目标不是努力工作或为了达到目的而付出努力以拥有积极的情感。能延迟满足感和快乐对正常人来说是最基本的能力。事实上，能延迟满足感是成功人士的普遍特征。

> **洞见**　　沃尔特·米歇尔（Walter Mischel）的研究是有关延迟满足
> 感的著名例子。给孩子一块棉花糖，告诉他们如果现在不吃，
> 那么再等五分钟就会得到两块棉花糖。15 年后，那些当初能延
> 迟满足感且能控制欲望的孩子，比那些当初放弃等待并吃掉棉
> 花糖的孩子更成功。

能延迟满足感且无须为此付出代价是一件好事。我们能充分
地认识到用刻板印象认识享乐行为会有何不妥，我们也能想象出
过着纵欲生活并吃苦头的人。而这意味着我们努力避免落入享乐
陷阱时又会过分担心未来，为了享受未来而拼命工作，结果在享
受之前就可能死去。我们总想未雨绸缪，防患于未然，却忘记沐
浴今日的阳光。

心理学家菲利普·津巴多（Philip Zimbardo）和约翰·博尔
德（John Boyde）在《时间的悖论》（*The Time Paradox*）中告诉
我们，拥有正确的时间观会极大地影响我们的感受。我们是否执
念过去、着眼当下或为未来做打算，会深深影响我们的福祉。

> **洞见**　　我们的时间观与许多选择和行为有关：
>
> - 何时结婚，与谁结婚；
> - 健康之选；
> - 性行为；
> - 接触酒精或毒品的可能性。

消极或积极的时间观

过去观

如果你积极地看待过去，就会拥有快乐的记忆，健康、愉快的童年和过往经验将构成积极的身份认同。如果你消极地看待过去，就只会看到所有不好的经历，不快和后悔将构成身份认同。

当我们看向过去时，杯中的沙子会晃动——让积极面对过去的人怀旧，让消极面对过去的人担忧和困扰。

洞见　菲利普•津巴多发现，那些对过去持积极态度的人比那些消极看待过去的人更能发现生活的意义。强烈的过去观比其他时间观更能影响健康。

现时观

如果你感觉良好，享受当前所做的事，那你就完全活在了当下；如果你渴望享受生活的乐趣，愿意活在当下，并为此感到兴奋和快乐，那你就是一个现时享乐主义者。

如果你觉得自己不能控制生活，为此感到无助、摇摆不定，那你就是一个现时宿命论者。仅着眼于当下会令享乐者无法节制，令宿命论者找不到融入生活或选择任何自主行动的理由。

洞见　拥有积极的现时观能促进你的健康、提升生活满意度。做一个在当下感到快乐的人能让你有机会体验到更积极的情感，如喜悦和兴奋。

未来观

如果着眼于未来，你就会通过制定目标来确定生活的方向。

那些只看向未来的人不惜牺牲友谊、爱好甚至健康来延迟满足感。当你担忧或过分期许时，太看重未来会晃动你的"水杯"。为了拥有一杯澄澈的水（这样的杯子在摇晃时不会搅动杯中的沙子），我们需要感知到所有积极的时间观。

> **洞见**　　研究表明，着眼于未来的人会更乐观，也更有可能取得成功。

最优时间组合

菲利普·津巴多相信存在最优时间组合。

- **十分积极地看待过去。** 我们植根过往，它形成了我们的身份认同。
- **适当放眼未来。** 未来关乎我们如何寻求挑战和目标。
- **适当享受现在。** 当前所做的事所产生的乐趣令我们精力充沛。

请注意，我们对"积极看待过去"的重视反映了卡罗尔·莱芙对"健康的自我接纳"的研究发现，他认为，自我接纳有赖于你对过去的积极态度。

你不能积极地感受过去可能是有原因的。现在，你只要注意这是你的想法，这个想法可能影响你现在如何享受生活。我在后几章将教你如何适应生活，在所有经验中寻找意义并有所收获。

现在，你可以轻松地多做点其他事，别只是观望。

- 什么是你的主导时间观？
- 它如何影响你的幸福感和对生活的享受？

灵活的、平衡的时间观最初只让你注意你与时间的关系，以及你是如何利用时间的。

幸福与选择

幸福在很大程度上受选择余地和选择方式的影响。这与我提到的控制行动和行为的基本需求和动机不同，在该情境下做出的选择更多地关乎我们所选的实际方法。

选择太多对我们不利

一系列研究表明，有机会品尝果酱和巧克力的人在只有六种选择的情况下要比让他们从 24 种或 30 种样品中进行挑选更可能做出购买行动。

改变想法不会让你更幸福

我们让学生从两张有意义的照片中选一张纪念大学时光，一年后，当时只被允许在一分钟内做选择且不能改变想法的那组学生，比当时准许三个月后做出最终决定的学生感到更幸福。

心理学家巴里·施瓦茨（Barry Schwartz）认为选择者分为两类：完美选择者和知足选择者。

完美选择者的痛苦

如果你是一个完美选择者，你可能会花数小时评判、比较所有选择，试图找到正确的选择以便让所有情况达到最优状态。例如，选鞋子时你会在自己接受的价格范围内试穿每一款心仪的样式，购买前考虑价格、舒适度、时尚性和实用性。你可能会做出不错的决定，但不太可能感到完全满意。

如今，诸多选择围绕着我们，完美选择者会怎样？相比于你的住所、你开的车、你选择的职业、你需要的保险、你想去度假的地方，以及送孩子去哪所学校或你想跟谁一起生活，选择鞋子的款式或酸奶的品牌算是简单的了。考虑所有选择会消耗时间，还会让你筋疲力尽。当你投入所有时间和精力却还是做了错误的选择时，悔恨和自责便会让你承受得更多。

完美选择者更可能：

- 患抑郁症；
- 经常后悔；
- 经常错失良机。

满足感带来快乐

如果你容易知足，那么做选择对你来说就会更有实际意义。当你根据当前需求做选择时，你能满足自己最小的需求。知足选择者做出的选择不及完美选择者的好，而他们往往对自己的选择更满意，感觉更快乐。

你是完美选择者还是知足选择者？

限制做最优选择的负面效应

如果你过分考虑他人拥有的和正在做的事、过于追求完美，或者总想做出最佳选择，那么你很可能是一个完美选择者，以下提示对你有所帮助。

- 试着接受一种"足够好"的生活方式。
- 不要比较你拥有的和别人拥有的。
- 降低预期。
- 享受你所拥有的。
- 坚持你所选的，尤其是小事情。
- 若条件允许，请缩小你的选择范围。

并非所有的最优选择都不利，有时，花时间用心思考很重要，我们需要适当反思和关注生活中的选择。无论你是完美选择者还是知足选择者，都要清楚何时花精力和时间做选择是有利或不利的。试着回答"这又如何"问题。请在"这又如何？"或"这件事对我有多重要？"量表中打分（分值 1 ~ 10 分）。

选择太多会降低我们的幸福感。在《富贵病》（*Affluenza*）一书中，奥利弗·詹姆斯（Oliver James）认为消费主义和选择会让人苦恼，它不仅让人不开心，还会让人生病。

小结

本章介绍了有关幸福和心理福祉的重要方面和因素，并对以下方面做出解释。

- 幸福会稍纵即逝，也能恒久弥新。
- 有些事让我们在眼下感到有趣，但我们必须意识到，它只能给我们带来短暂的快乐。
- 若渴望真正获得发展，你要具备以下六种能力，为享受幸福和福祉打下基础。

（1）掌控环境，即你能影响和控制生活中的各种情况。

（2）你能对自己的想法和行动负责，能为自己考虑并付诸行动。

（3）你有生活目标和方向。

（4）你有成长和发展的机会及思维模式。

（5）你接受自己并爱惜自己。

（6）你有积极的人际关系和社会关系。

- 你与时间的关系会影响幸福感。
- 选择太多会影响幸福感。

第三章
积极情绪：实现自我调节，促进正向发展

想要实现自我发展，至少要让积极情绪比消极情绪多三倍。消极情绪导致"抗争"或"逃避"，而积极情绪能让我们实现自我调节、促进正向发展、提升创造力。

<blockquote>
幸福生活由诸多小细节组成——一个吻或微笑、一个善意的眼神、一声由衷的赞叹——数不尽的细微快乐与友情。

——塞缪尔·泰勒·柯勒律治（Samuel Taylor Coleridge）
</blockquote>

本章将讨论幸福和积极情绪的重要性，引导你思考自己愿意享受什么以及每天如何发现更多的乐趣。你将了解长期的幸福有何益处、心流的含义是什么，以及学会用心享受当下的快乐。

积极情绪不仅指感到幸福，还包括喜悦、快乐、兴奋、惊喜、高兴、兴趣、乐趣、骄傲、爱、期望、惊叹、惊讶、满足、享受，当然还包括幸福感。感受到积极的情感有益于身心健康，它不仅能让我们产生良好的感觉，还有助于个人成长和发展。

以下事情最有可能给我们带来即时快乐和乐趣。

- 吃饭
- 社交活动
- 性爱
- 健身和体育运动
- 酒精及其他药物
- 运用技能
- 音乐及所有艺术形式
- 好天气
- 良好的环境
- 休息和放松

积极情绪的重要性

积极心理学告诉我们：积极情绪会让人充满活力。

拥有积极情绪能让我们敞开心扉，更具创造力，进入内在反馈环并不断产生更积极的情感。心理学家芭芭拉·佛莱德里克森（Barbara Fredrickson）将积极情绪对个人发展和能力提升的影响称为"扩展与构建理论"。对佛莱德里克森而言，积极情绪是最优功能和人类兴旺发展的根本要素；积极情绪开拓心智，让生活变得更美好。拥有良好的感觉有益于提高智商、社交能力、心理承受力和身体素质。

感觉良好会促使你往好的方面想，拥有更好的体验！我们越幸福，越能成就更好的自己！

积极情绪是一种强大的资源，它们构建和支持以下方面。

- 自信和自我信念

- 创造力、创意与灵活性

- 身心健康

- 智商

- 直觉和感知

- 乐观

- 毅力

- 工作效率、活力和能量

- 从疾病中康复或病痛得到缓解

- 健康和寿命

- 更好的人际关系和社交能力

- 更好地应对挑战和压力

- 帮助他人的能力

- 克服消极情绪的能力

- 感到幸福时我们不易悲伤

作为正向资源的积极情绪

当我们感到喜悦、快乐或产生任何积极情绪时，它们会存于我们的记忆库。我们依赖这个关键性资源，从过往经历中描绘出积极情绪，为当前生活提供帮助。如果这种快乐或情绪能再次出现，那么你在找寻它们的过程中就能成长与发展，或者你能利用快乐或情绪拓展现有的经验。当快乐的人感觉良好时，其更可能尝试新的活动和目标，能从过去的活动中获得更多技能与资源。

当你感到快乐时，你更能对环境做出回应，建立更多资源，进而增强自我信念和能力，进一步付出行动，产生积极情绪。

以下积极情绪能够激励创造力、推动发展。

- 喜悦：激发人们玩耍的热情，推动社会发展。
- 兴趣：激发人们探索和学习的热情。
- 满足：激发人们体验生活的热情，实现自我统一。
- 爱：鼓励我们在亲密关系中探索如何创新和发展。

洞见　　消极情绪影响我们调适行动和制订生存策略，导致抗争或逃避；积极情绪亦能如此，它让我们实现自我调节、促进正向发展、提升创造力。

■ ■ **示例** ■ ■

佛莱德里克森和布兰尼根（Branigan）在研究中要求被试观赏能让他们产生积极情绪或消极情绪的电影。电影刚放完就测试他们能否列出目前想做的事。观影过程中感到快乐的人比感到不快的人更谨慎。

洞见　　想要发展，至少要让积极情绪比消极情绪多 3 倍，确切是 2.9 倍。低于此数字效果就不太明显。这个比例是个临界值。积极情绪仅比消极情绪多一点是没用的，只有大于 2.9 倍才会让人获得成长。这不是说我们可以或尝试始终保持良好的感觉，3：1 的比例给消极情绪预留了空间，科学家发现，一旦该比例达到 11：1，发展便会中止。

现实生活是多种情感的混合体，努力做到让自己感觉良好的频率是感到沮丧的频率的 3 倍甚至更大，并渐渐习惯于此。

如何增强积极情绪的持久性

感觉好更多地指完全沉浸于我们身边的所有乐事，而非强颜欢笑，同时学会发现更多让我们舒心的事，对机遇表示感激。当我们能完全做自己时，哪怕身处逆境也会拥有最佳体验。下面五个建议让你有更多的机会获得良好的感觉和持久的快乐。

1. 开放与好奇——心胸开阔

这个话题非常重要，我在之后的章节还会提及。对新的（和旧的）体验持开放态度，愿意终身学习，培养成长型思维模式而非固定思维模式，这对福祉的各个方面都会产生极大效应。

如何面对即时体验？你的期许塑造了你的体验并决定了你能否感到快乐。预料坏事会发生，它们可能会真的发生；你希望事态发展顺利，当结果并非如此时你就会感到失望。

如何增强好奇心？好奇心不仅能拓展心智，还能影响健康。研究表明，我们越好奇就越快乐，包括当下的喜悦与享受，以及普遍幸福感。心理学家托德·卡什顿（Todd Kashdan）把好奇心视为"幸福的引擎"。了解你是谁、享受什么，以及如何让生活变得更好、更安全、更快乐或更轻松，是实现这些愿望的起点。

越是好奇，你的世界就越大，你就越会对自身、他人和世界加深认识。

好奇心可以缓解甚至治愈焦虑。下一次当你焦虑时，试着做以下几件事：

- 承认你不明白焦虑为什么产生；
- 找到你要做的事；
- 好奇你为何会感到焦虑

你越是对新观念、新视角持开放态度，就越能从本书的观点中得到启发，就越有可能获得幸福。

影响

从现在开始尝试对任何可能性持开放和好奇的态度，不要预期会产生特定的结果。

2. 感激你所拥有的一切——拓宽视野

什么事会让你心存感激，并让你感觉它是理所当然的事？这可能会让你每天更快乐、更幸福。

有关积极心理学的研究表明，常怀感激之心能发挥巨大的作用，它也是本书反复谈论的话题。有时，我们会忘记关注自己已拥有的东西，请记住，感谢生活让你获得幸福。

心存感激是很健康的积极情绪，它会让你变得：

- 更机敏；

- 更热情；

- 更果断；

- 更有爱心；

- 更富同情心；

- 更和蔼；

- 更快乐；

- 更健康。

罗伯特·埃蒙斯（Robert Emmons）和米歇尔·麦卡洛（Michael McCullough）的研究表明，每周或每天记下你所感谢的事情可以：

- 让你更健康；

- 鼓励你锻炼身体；

- 帮你实现个人目标；

- 让你更乐观。

定期表达谢意会产生如下效果：

- 你能较快、较好地从疾病中康复；

- 你能较好地应对压力；

- 你更倾向于遵从道德标准；

- 你的人际关系会得到改善；

- 你的期许较小，能较持久地对自己所拥有的一切感到
  幸福；

- 你能感受较高的自我价值和较高的自尊；
- 你较少发怒、内疚和妒忌。

了解什么才是你感激和感谢的事，你也可以将这些事告诉他人！

练习

坚持写"感谢日记"。埃蒙斯和麦卡洛在研究中告诉人们，"我们的生活有许多或大或小的事值得感谢。回想上周发生的事，写下让你感谢或欣慰的五件事。"

本周我感谢的事情是：

(1) _____

(2) _____

(3) _____

(4) _____

(5) _____

影响

尝试亲自感谢某人。最有效的积极干预法是写信给那个你想感谢的人并把信亲自送给他。为了发挥最大的效用，请向那个人大声朗读你写的信。做这件事比较难，至少在社交中被视为不合常理。对收信人和寄信人来说，这种效果能让他们真正持久地感觉良好。

3. 亲切和蔼——敞开心扉

不久前，有人在报上登出一则广告，邀请人们加入某家俱乐部。广告没有提及俱乐部要做什么，只是单纯地邀请人们加入。奇妙的是，在人们报名参加后俱乐部就成立了。这种响应促使俱乐部设定了自己的目标——"周五，做任何你想做的善事"。许多倡议都鼓励人们行善，即便我们不加入俱乐部也能这么做。将做一件善事加入清单看看会发生什么以及你会有何感觉。

■ ■ 示例 ■ ■

在持续十周的实验中，索尼娅·柳博米尔斯基让人们练习行善。有趣的是，行善对幸福的影响有赖于善行的多样性而非行善的频率。

另一项在日本进行的研究让人们列举他们的善行。结果表明，快乐的人变得更亲切、更有感恩之心，所有被试都变得更快乐了。

多做善事能让你获得更多的积极情绪和幸福感。方法之一是练习慈爱冥想。在近期研究中，我们看到慈爱冥想能改善人际关系，让人们变得健康和幸福。

请记住，人都是互惠互利的，为何不迈开脚步，赠送他人你想获得的东西呢？行善的方式各异，从简单地感谢某人，停下脚步方便别人停车，到目送某人上火车，一切随性的善举都能真正增强你的幸福感。

儿童心理学家、儿童行为研究中心主任巴纳德·里姆兰德（Bernard Rimland）发现，帮助他人的人是最幸福的人。他在研究中要求被试列出其认识的十个人，以这十个人对自身幸福程度的认知为标准为他们打分，再对这十个人的自私程度评分。得分较低的人可能感觉更幸福。

为何不尝试对自己做实验？里姆兰德认为自私行为的标准是：稳定地倾向于将时间和资源投入自身的兴趣，为自己谋福祉，不愿为了他人而给自己带来不便。

影响

人人都爱惊喜，做一些有创意的善举让善举常保新鲜吧！请记住，多样性能发挥很大的作用。

4. 与他人相处——善于陪伴

我们发现，与他人相处是获得幸福感和即时快乐的重要来源之一。

- 你花多长时间与朋友相处？
- 你花多长时间陪伴家人？

为朋友和家人留出时间，有时仅仅指暂时把其他事放一边。研究表明，在收入足够支付账单的前提下，你要在"周末额外赚1000英镑"和"与家人或朋友共度周末"之间做出选择，如果选后者（亲友和友情），那么你会感到更幸福。

留时间陪伴老朋友以及外出结交新朋友都很重要。当生活发生改变或个人获得发展时，不同的人会与你分享不同的需求和兴趣。如果你的社会生活看上去有点平淡，试想你现在能做些什么去改变现状？

洞见　　当你有了孩子就有了激发快乐的源泉。孩子在很大程度上能教会我们如何拥有良好的感觉。孩童期的孩子比成年人更爱大笑，孩子知道如何玩耍和保持好奇心。

5. 做真实的自己——释放天性

让天性发挥光彩！积极心理学之父马丁·塞利格曼对"真实"有很多看法，在接下来的章节，尤其是第四章、第五章和第七章我们还会回到这个主题。做真实的自己是指，了解你在何时会有最佳状态并为此感到幸福，活出生命的本真。快乐时你会找到真实的自己，当你完全做自己时你就是幸福的人。

现在，有五种幸福升压器能让你实现螺旋式上升，如果你目前只想提升情绪、享受生活，那会怎样？如果你不是天生的享乐者，那么你可能就要为生活增添喜悦和乐趣了。

练习

列出所有能为你带来即时积极情绪的活动，以两种方式为每个活动打分：它能为你带来多大的快乐？这项活动目前在生活中占有多大分量？使用1～10分值量表，10分代表程度最大，1分代表程度最小。打分后请检查列表，思考每个分值之间的差别。

现在，回想你在过去获得的快乐，列出你习惯享受的事情。

● 为何你爱做这件事？

- 为何你会中止做这件事？
- 你花时间做这件事会获得什么乐趣？
- 你做什么事情的时候可以忘记时间的存在？

发现心流

你做什么事情的时候可以忘记时间的存在？什么活动会让你漠视身边的事？你何时真正沉浸其中并感到兴奋？

积极心理学讨论"心流"。心流是一种体验——全情投入眼下的事以至于意识不到还有其他事，甚至忘记时间。生活的心流是获得即时快乐和身心健康的主要来源。积极心理学创始人之一米哈利·查克赞特米哈伊将这种体验描述为心流，它来得毫不费力。

米哈利认为，如果出现下列状态，表示你正处于心流中：

- 你正在发挥主要优势克服挑战；
- 目标明确；
- 全神贯注；
- 有掌控意识；
- 忘了时间；
- 单纯为了某事而做某事。

心流是我们体验到的快乐状态之一。当我们全身心投入眼前之事时就关注不到其他的事，所有关心的和担忧的事物都会消失，甚至忘记时间。

如何在生活中获得心流

1. 发展现有能力，学习新技能

在心流中，你对活动的享受与个人能力紧密相关：技能越多，你获得的回报就越大。这样能促进人们做更多的事并得以发展。学习新技能是增加心流的重要方法，心流越多，你就越能感到快乐和幸福，生活满意度也就越高。

你能通过获得某种新技能或发展现有的技能让自己进入心流吗？当你全身心投入你所做的事时，你运用了何种技能？

2. 精益求精

真正擅长某项技能会让你因为拥有它而感到快乐并获得成就感。运动员会说自己进入"状态"，正处于"巅峰"。在能力与机遇并重时才能变得专业的事是比较复杂的。复杂性易提升满足感，让人们不断地体验创新。

3. 寻求挑战

我们在挑战中才能提升自身的技能。你何时享受挑战？你何时在发展技能的同时遇到更多挑战？发挥技能时能产生心流，你能因此而提升自己的能力，从某种程度上来说，增加挑战会让执行任务更有趣。

当你参与某项活动时会更频繁地体验到心流，例如运动、音乐、做创意的工作以及任何有挑战性的体力活。在任何活动中只要技能的发挥遇到挑战就会产生心流。

心流让人感到愉悦，我们经常迷恋于那些能产生心流的活动。虽然许多网络游戏都能让玩家产生心流，但是请记住，从长远来看，只有在有价值、有意义的活动中发现心流才会让你更健康。

在心流中我们做事不费劲、有掌控感，当然这也是有界限的。技能和挑战之间的平衡很微妙。挑战必须足够多才能激发与之相符的技能，但挑战太多，体验就会失去控制；挑战太小，注意力就会分散或让你感到无趣。活动带来的挑战总是有序地朝着这个边界推进，让你得以全神贯注于手头的任务。

4. 做你喜欢做的事，发挥自身优势

当你做自己擅长和喜爱的事时，你在心流中可能发挥最大的优势。下一章我将详细介绍优势。

5. 全神贯注

关注某事是指你在一定程度上集中思想，拒绝接受有关过去或未来的任何想法。在心流中你会完全关注当下，漠视他物。当对某件有吸引力的事十分关注，以至于你与活动融为一体时，你会很快进入心流状态。

6. 目标明确

专注于订立明确的目标也是进入心流的关键。首先确定你想尝试做的事，然后问一问自己想实现什么目标。

洞见 　研究表明，心流有助于以下几个方面：

- 提升创造力；
- 达到巅峰状态；
- 发展天赋；

> - 提升工作效率；
> - 增强自尊；
> - 减压；
> - 塑造心理福祉。

如果不投入眼下正在做的事，人们会感到无聊。只需较少的技能（或不需要技能）或专注力，轻松、重复性的工作极易让人失去兴趣，产生挫败感。只有外部动力（如获得报酬）才能让人们设定回报型目标。不难发现，人们享受工作是因为工作能拓展思路，或者他们在工作中能提升自身的技能。

- 你能想到体验心流的机会吗？
- 清单中有什么事既需要技能又富有挑战？
- 你如何让手头的事更有趣，你能做得更好、更快吗？
- 今日任务中有哪些方面可以让你发展更多的技能？
- 力求精益求精！

心流体验是你发现优势和技能的好方法，进入心流还能让你活在当下。

活在当下

我们通过感觉体验世界——看、听、触碰、感受和品味。感觉是对世界的客观体验，哲学家始终认为精神是感觉的对象。

客观体验只有在当下才能被感受到，当我们用心投入并充分意识到这些体验时，它们就会成为情感体验的一部分，这样的体验均能被记住和预料。

练习

在当下进行感官体验并问自己以下问题。

● 现在，你（通过感觉）获得了何种快感？

● 你觉得舒服吗？

● 你身边的环境如何？

● 你能发现美好的事物吗？

● 你能听到什么？

现在，请记住你近期获得的感官体验。

● 上次吃美食是在何时？

● 当你听到心爱的音乐时感觉如何？

● 你上次尽情舞蹈是在何时？

● 你上次的性体验如何？

　　思考这些问题会让你了解什么才能让自己快乐并活在当下。感官体验稍纵即逝，快乐和幸福会很快降临。它们来来去去，我们不断地寻找和辨别。让自己变得更现实有助于敞开心扉，直面自身感觉和周边环境。留出时间进行感官体验对健康很重要。直面眼前的快乐也能让你回忆过去的快乐并预期未来的幸福。积极心理学帮助那些享受当下、体验生活乐趣的人更积极地预期未来。

如何变得更现实

变得更现实的方法之一是：提升品位。

你能做的前两件事是：（1）去观察；（2）着眼于当下。你要更加投入地着眼于正在做的事，处理现在直面的状况。

小贴士

为了增加实际体验，你需要停下来花点时间与身边的事物建立关系，专注于周围环境和你的身体，寻找并发现美好的事物。品位是过程而非结果，它需要我们付诸实践。

心理学家弗莱德·布莱恩特（Fred Bryant）和约瑟夫·威若夫（Joseph Veroff）在《品位》（*Savoring*）一书中认为："品位"是某人在生活中参与、体会和增强积极体验的能力。换句话说，品位是指真正着眼于当下所做之事以及你所处的位置。

提升品位的方法如下。

- 放慢节奏。
- 把你享受的事与他人分享，让他人感受你此刻的快乐。
- 真正关注细节并完全沉浸于你正在做的事，从而使熟悉的事也变得新鲜。试着当作初次体验那样去感受。
- 如果此刻很宝贵，就庆祝吧！并为此感到兴奋。
- 感到快乐你就大笑、呼喊和跳跃。
- 用照片、日记或纪念品留存记忆，这是再次品味过去经历的好方法。

- 花时间享受、体会、汲取经验，从而让感受更持久。
- 对身边的人和事表示感谢。
- 发挥感觉的作用，品尝、闻、聆听和触摸。
- 让美味在口中流连。
- 认真聆听生活的背景乐。
- 更专注地倾听。
- 体验新衣服带给你的感觉。
- 触摸、观赏树叶或花朵，真正感受它们的纹理。
- 尽情舞蹈。
- 品尝食物，仿佛这是你第一次吃到它。
- 惊讶、好奇地观看和欣赏。

小贴士

不要陷得太深，压力太大。当快乐自然地到来时，它才是最美妙的。你要做的是对快乐保持激动！

品位的两个方面：（1）体验的类型——心理或感官感受到了什么；（2）关注点——可以是外部焦点（我们此时关注的身边之事），也可以是内部焦点（我们能够回忆，在内心享受由外在乐趣所产生的记忆）。

这两方面可以是心理的也可以是身体的。对生活保持敏感需要身心同时参与。

> **洞见** 　　不担心或不分析我们是否快乐，我们才会发现快乐和幸福的存在。我们只有在自己所爱的事情上才能找到快乐、幸福并乐享其中。当我们全身心投入某件事时，甚至不会注意到时间正在悄然流逝。

持续的快乐

　　我们发现，良好的感觉可以通过各种途径带来快乐。当活动被内心接受时，其产生的快乐和积极情绪会更加持久。比短暂、无意识的身体愉悦更令人满意的是超越此刻的快乐和幸福，因为它们是有意识地被体验和享受的。

练习

为何不记下那些改变心情的活动呢？

- 一天中，你会在何处产生更积极的情感？
- 评价你的善行。
- 留意值得你感谢的事。
- 你如何才能放宽心，更有好奇心？
- 你如何更深入地品味生活？
- 留时间陪伴朋友与家人。
- 列举一些让你感觉良好的事情。
- 留时间做你想做的事。

积极情绪 （1～10分）	上周你用多久做 这些事	行动	下周你计划留多 长时间做这些事

基于之前填写的列表和上述列表，你容易将什么事情纳入日常行程？

留意生活中微小的调整是如何真正发挥影响力的。

马上开始

现在，你的生活拥有了一系列幸福升压器。恐惧和担忧容易影响我们获得良好的感觉；相反，感觉良好能驱散担忧和恐惧。

主动赠予、向他人表达感激和仁慈、吃巧克力或冰激凌，这些都是用微不足道的方式提升幸福感的途径。积极情绪很简单，一旦被我们品味就会变成持久的积极记忆。感激你所拥有的、与他人相处、发展你喜爱的技能，等等，这些都能提升幸福感。

当你做那些能产生积极情绪的事情时，你倾向于重复这种体验。片刻的乐趣和有报偿的快乐都能让我们感觉良好。积极情绪是由我们对当前体验的反应，以及从过去经验中获得积极情绪的能力所构成的。

小结

本章介绍了采用何种方法才能在生活中获得更多的积极情绪。请记住以下几点。

- 当你每次体验幸福和积极情绪时，它们都会进入你的记忆，你可以从记忆中提取幸福，让它们反复出现。

- 心胸开阔、保持好奇心。每当你学会一项新技能，或者要求自己去做某件能让你产生积极情绪的事情时，你会获得动力，然后鼓励自己再次尝试。
- 感谢你所拥有的，你就会享受得更多。
- 如果想过得更幸福，那就让自己更亲切、更和蔼。
- 与他人相处。
- 做你自己。
- 多样性是生活的调味剂，当你尝试做新鲜事时，你就在积累资源和幸福了。
- 增加进入心流的机会——变得更投入、更专注、更愿意接受挑战。当你自愿投入某项活动时，你会感觉很棒。
- 停下脚步去品味生活，充分享受感官快乐和当下的喜悦。

　　基于上述内容，第四章将讨论你如何通过自己的能力去实现那些让自己更幸福、更有成就感的目标。

第四章

积极自我：做更多你爱做的事，设定更适当的目标

那些发挥自身优势完成目标的人更可能实现终极目标，也更可能获得成就感。

在追梦的过程中变得自信。灵感塑造可能性，去过你想象中的生活吧！

——塞缪尔·约翰逊（Samuel Johnson）

清晨起床时你是否对新的一天充满希望

　　为生活设定目标和方向有益于心理福祉。有了目标，我们就能更好地发展自身优势。在第三章我们看到，投入生活、接受挑战是获得幸福的根本。本章的重点是：如果你想设立伟大的目标，做更多适合你的事，你需要做些什么？我们再来看一看积极情绪如何比良好的感觉（仿佛油罐中的燃料，可以激发你的兴趣、积极性和参与度）更重要，以及在生活中如何运用积极情绪促进积极性和激发行动。

　　研究表明，有目标不仅对健康重要，当目标反映了你真正想做的、擅长做的事情时，它更有可能被实现。你会注意到有些事很容易就能办到，而其他一些事一直都没做完。正如我们第三章所谈到的，当内心有了动力你是不需要报酬的，而报酬只是活动本身。当你做自己喜欢的事情时，你能够明白发生了什么并能较好地理解这件事。设立你真正想实现的目标会为生活带来更多的兴奋感，让你愿意接受更多的挑战。

做真实的自己并发现自身优势

某人在做某事时如果有"状态"，其就会认为自己擅长做此事，好像生来就会。米克·贾格尔（Mick Jagger）在舞台上就是他自己，其他人只是在模仿他。真实，就像美丽那样，很难被界定但容易被识别。那些做事靠谱的人仿佛拥有第二天性，当他们看上去从容、专业和自信时，我们会响应他们。真实的人有高品质的目标，他们行动和谐、天性诚实、有自信、能赢得他人的尊重。

记住心流

我们可以利用产生心流体验的要素让自己精力充沛以实现目标。在心流中使用容易识别的技能，例如演奏乐器、参加体育运动或发挥创意。心流体验还涉及有意义的个体特征。回顾你在第三章写下的能让你进入心流的活动，什么活动能让你做最好的自己？

发现自身优势

你的个性中有哪些方面是你最珍视、最爱展现的？例如，当你变得有趣、亲切、负责任、值得信赖、有爱、热情、宽容时，你是在做真实的自己吗？写下并记住你最认同的优势：

....

....

积极心理学之父马丁·塞利格曼相信，只有当我们发挥主要性格优势时才能真正得到发展。塞利格曼认为，当你处在以下情形中就是在发挥性格优势：

- 感到真实；
- 感到激动；
- 学习效率高；
- 创新利用现有技能；
- 渴望做某件事 / 渴望成为某个样子；
- 感觉必须做某件事，无法阻止自己；
- 感到精力充沛、不疲倦；
- 发现自己能根据要求全情投入活动和项目；
- 心生喜悦、满腔热忱。

主要优势

当我们的行为方式满足以上标准时，马丁·塞利格曼相信我们正在发挥"显著的性格优势"。塞利格曼发现了 24 种普遍性格优势。定义优势的方式有两种：第一种是"特性"，即潜在的心理特征；第二种是仅有自身价值的事物，只因其自身特质而被他人渴求。塞利格曼和其同事——积极心理学家克里斯托弗·彼得森（Christopher Peterson）花了较长一段时间检验被视作跨历史、跨国家的性格优势评估标准，这些优势表现出六种核心特征或"优点"。

- 智慧和知识
- 勇气
- 仁爱
- 正义
- 节制
- 精神卓越

练习

请你浏览表 4-1，为每一题打分（分值 1 ~ 10 分），评测你在多大程度上发挥了这些优势，它们在你的生活中出现的频率，以及你对它们的期待。

表 4-1　性格优势问卷

行动价值——性格优势 （Value in Action，VIA）	它在你生活中占多大比例	你在多大程度上希望它在生活中出现
1. 对世界充满好奇心和兴趣		
2. 热爱学习		
3. 判断力、批判性思维、思想开放		
4. 创造性、创意、实用智慧、街头智慧		
5. 社交智慧、个人智慧、情商		

（续表）

行动价值——性格优势 （Value in Action，VIA）	它在你生活中 占多大比例	你在多大程度上希 望它在生活中出现
6. 洞察力		
7. 勇敢、勇气		
8. 毅力、勤勉、勤劳		
9. 正直、真挚、诚实		
10. 仁慈、慷慨		
11. 爱与被爱		
12. 公民精神、责任、团队精神、忠诚		
13. 公平、公正		
14. 领导力		
15. 自控力		
16. 谨慎、小心		
17. 谦逊、稳重		
18. 体会美好和卓越		
19. 感恩		
20. 希望、乐观、展望未来		
21. 目标感、信仰、宗教		
22. 宽恕、仁慈		
23. 幽默		
24. 热心、热情、热忱		

　　注意分值差距大的方面，按照优先级重新排列。你会发现，多数优势在你的生活中曾出现过，关键要留意哪些优势更容易被发挥且更符合你的天性。

当你发挥优势时，你更可能投入眼下正在做的事情。忙于某事时你会精力充沛并享受其中。因此，发挥优势是让你积极行动并实现目标的有效方法。

洞见　　　研究表明，那些发挥优势完成目标的人更可能实现终极目标，更可能获得成就感，更容易对发挥自身优势实现目标感到欣慰。

利用优势表达价值观

心理优势是一种心理特征，它尊重价值观并能表达它们，主动实现自我与价值观的统一。通常，我们偏爱某个环境是因为我们有机会融入其中，发挥优势去做我们重视的事。例如，我们的情感需求或价值观是"展现勇气"（抽象的），那么产生这种需求或价值观的环境是不断变化的（根据具体情况）——（抽象的）勇气与（具体的）登山、参军、表演或成为企业家有关。无论环境如何，只要有机会发挥性格优势，我们就能获得发展。

■　■　**示例**　■　■

本例有关不同的性格优势如何满足相同的价值观。人们喜欢冒险是因为他们看重勇气，他们在满足需求的过程中感到幸福，在冒险或遇到风险时所发挥的性格优势是他们与生俱来的。

- 当冒险时，登山者会更勇敢、好奇，能发挥创造力，展现毅力或自控力。
- 士兵能展现勇猛、领导力、团队合作精神、忠诚或勇气。

- 演员能展现勇气、热忱、热情或自控力。
- 企业家能展现勇气、创造力、乐观、热忱、创新思维或勤奋。

上述几类人都希望自己有勇气。他们都接受风险和冒险，表现勇气的方式各异且随着活动和环境发生变化，他们具有不同的性格优势和天赋。

我们偏爱运用自身优势。相较于勇气，优势不是技能（而勇气是）。性格优势有关我们在生活中如何表达价值观和情感需求，"行动价值"在我们的内在目标中居于核心地位。

价值观的含义

价值观是后天获得的而非与生俱来的，它是我们优先考虑自身需求的方式。我们认为，自身选择具有最高价值。价值观引领我们做出选择和付诸行动，有关我们如何为需求排序（这些需求让我们变得更独特）。当几种价值观产生冲突时，我们的行动会受阻，因为需求发生了冲突。价值观反映了情感需求，留意你对某个价值观寄予的情感程度或当你感到某个价值观受到威胁时你所做的反应，从中可以看出何种需求对你来说是最重要的。多数价值观容易识别，如诚实、尊重、信任、正直、爱或勇气。在第七章我们将进一步分析需求与价值观的关系。在考虑如何设定目标时，你有必要了解自己的价值观和需求，因为你最有可能实现的目标是那些与你的价值观一致并让你发挥性格优势的目标。

因此，你的价值观会让你的选择和目标发挥作用，并使你优先考虑这些选择和目标。如果需求层次不存在，我们就无法选择。

你知道你的五大价值观是什么吗？什么事在你生活中不可或缺？如果你的回答是"家庭"，那么能满足你最重要的需求的家庭生活代表了什么价值观？另一种寻找价值观的方法是，留意你最厌恶和最不能容忍的事，你的价值观在这种情况下渐渐消逝或受到威胁。第七章将做全面分析。

发现自己的价值观很重要，它能提供让我们发挥优势的环境。只有做真实的自己，我们的优势和价值观才会和谐。

当概念可以互换时，词语及其意义会阻碍我们理解。爱，对许多人来说是有价值的，我们无法活在没有爱的世界里；爱也可以是一种尊重价值的活动和性格优势；爱还可以通过感激、宽容、勇气、忠诚、热情、亲切、正直等表现出来。

并非所有研究优势的积极心理学家都会从价值视角出发。盖洛普优势识别器拥有更详细的优势列表，偏重商业技能。

练习

用一分钟列出你的五大优势：

....

根据表 4-2 所列领域，分别列举一个积极的时刻或活动，以及你当时发挥的性格优势。

然后，在每个领域中想出一个你期望实现的目标（可大可小），描述你为了实现该目标会发挥什么优势。

表 4-2　不同领域的性格优势

生活领域	美好的时刻 / 积极的活动	性格优势	目标	性格优势
在工作中				

（续表）

生活领域	美好的时刻 / 积极的活动	性格优势	目标	性格优势
与家人在一起				
在你的生活环境中				
与朋友在一起				
与伴侣在一起				
享受快乐时光				
关注自身健康				
个人成长、学习				
经济生活				
精神世界、更广阔的世界				

- 留意生活中需要你专注才能做好的事，试着想象在该领域发挥你的性格优势。
- 留意你是否还没发挥某项顶级优势。
- 你能想到一种需要你发挥顶级优势以维持或改善生活的新方法吗？
- 本周内做三件让你激动的事。

洞见　　多样性——发挥性格优势能持久增进幸福感、减少抑郁。

请在表 4-3 第一列写下你的优势，思考如何在不同的生活领域进行创新并运用它们。

表 4-3 不同领域的性格优势列表

顶级性格优势	生活领域	生活领域	生活领域
1 例如亲切			
2			
3			
4			
5			

发挥自身优势的三个要点

1. 利用顶级性格优势

不能充分利用性格优势，你会感觉欠佳！你可以尝试找到运用优势的新方法，在所有生活领域发挥它们的作用。如果你擅长批判性思考、评判事物或拥有开阔的心胸，你会在情感生活和工作中运用这些优势吗？

2. 留意、关注位于底层的性格特征

发挥顶级优势有助于你克服困难。如果"亲切"和"慷慨"位于列表的底部，"有创意"和"爱学习"位于顶部，试着发挥顶级优势去提升底部优势。例如，你可以尝试创新地表达仁慈。莎拉发现自己一天中感觉最糟的是晚上下班回家的时候，"勇气"是她的底层优势，富有创造力是顶级优势，她会想出不同的回家方式，在途中完成有创意的任务以减少恐惧感，现在这已经变成

她一天中最有成就感的事，她比之前更加勇敢了。

3. 警惕单向发展

同样值得注意的是，某个优势如果过度发展可能会变成缺点。过分重视你所擅长的优势会令你失衡。过于善良、过分强烈的公平意识或过于自控都是不健康的，它们会阻碍你的发展，让你无法正常发挥顶级优势。真正丰盛的生活包含各种优势。

现在，你对自己关心和擅长的事有了更深入的了解，那么，如何将优势和价值观纳入你的目标呢？

目标

所有人类行动在一定程度上都是以目标为导向的，从清晨起床到上班、跑马拉松、写信、做一名称职的家长，等等。目标是我们希望在短期内或漫长生命中不断完成的事。目标也关乎我们如何满足自己最基本的需求。

行动和目标基于最基本的需求

心理学家卡罗尔·莱芙认为，六种基本需求对心理福祉很重要（详见第二章）。其他心理学家在研究中发现，以下四种基本需求一经实现就会让我们产生最大的满足感。

（1）**自尊**。爱自己，对"你是谁"以及你的能力感到自信。让你有自尊的目标会使你更满意。

（2）**胜任力**。能够在环境中发挥能力（环境掌控力）。你需要具备胜任力才能发挥技能，进而获得自己想要的东西。胜任力包括所有身体感知技能，目标的设定受问题解决能力以及技能是否同时被他人需要的影响。

（3）**关联性**。我们希望且需要被他人接纳，也需要与他人建立积极的关系。如果你的目标是让自己与他人建立关系，那么你就需要更接近他人并由此产生被爱、被关怀的满足感（实际目标的方式）。

（4）**自我导向**。我们需要做自己（拥有自主性）。在获得自我导向型任务和目标后，你可以自主选择是否要付诸行动。当你自愿享受完成任务的过程时，即便不背负责任或没有方向引导也能付诸实践。我们做这些事只因为我们想做并享受这个过程。这些行动几乎基于内在驱动力，即它们由自我引导且具有自主性。这类目标更可能得以实现，因为它们可能源于内部动力。

> **洞见**　自主性和内在驱动力对实现目标意义非凡，不仅因为当你做喜爱的事情时会感到更快乐和更投入，还因为当你有了内在驱动力后会更有创意、更高效地解决问题。
>
> 你还记得第二章提到的"过度合理化"吗？在解决问题时你接受了外部激励，于是执行任务的乐趣和能力降低了。

发挥创意是由情感驱动的过程，你越快乐就越有创意。我们不是在探讨艰辛的艺术家所持有的广泛信仰，本书也无法在一开始处理这类争论。心理学家迪恩·塞蒙顿（Dean Simonton）对以小写字母 c 开头的"creativity"（创意）和以大写字母 C 开头的"Creativity"（创造力）做了比较，前者旨在提升日常生活的能力和解决问题的技能，后者旨在对文化和历史持续做出贡献，我们在本章只探讨创意。

我们的基本需求越重要，采取行动满足它们时我们就会感觉更好。上述四大基本需求一经满足便会让我们获得最大的满足感。

在此基础上又延伸出六大需求——自我实现的需求、身体发展与健康的需求、安全需求、快乐的需求、赚钱的需求、扩大影响力的需求。研究表明，赚钱给人带来的满足感最小。

小贴士

自决理论认为，胜任力、关联性和自主性是人类的三大基本需求。

定义

自决的目标：

- 做擅长的事，发挥自身优势；
- 接受挑战，改善自己，学习你感兴趣的新技能；
- 没有任何形式的报酬，没有外部压力，自愿参与任务或活动；
- 邀请你认为对你有帮助且与你关系融洽的人一起去实现目标。

为重要的日程安排设定目标，让任务或活动与对你重要的事保持一致，例如为了冒险或接受运动挑战而进行培训，为了健康而减重等；或者这些任务或活动只是你想做的事情的一部分，例如为了晋升而去考试。接下来，在你父母或伴侣不希望由你自己做决定的事情中任选一样去执行。

积极思维：往好的方面想

不确定性

设立目标和方向对获得幸福和提升生活满意度很重要。然而，我们不确定目标能否实现。某种程度的不确定性向我们发出了挑战，我们需要充满希望，既要相信自己可以实现目标，也要为实现目标付出努力。

希望

积极心理学家 C.R. 斯奈德（C.R.Snyder）相信，希望比积极情绪更重要，其所具备的两种要素——能力和能量为我们提供了心理情感能力，帮我们实现目标。积极思维包括：（1）解决问题的能力（解决问题的心理能力）；（2）为实现目标设计方案；（3）执行计划的能量（发挥积极性，将想法付诸实践）。

研究证实了一项重要发现，即"往好的方面想"（对生活保持积极态度）能让我们更积极地看待事物。研究表明，那些充满希望、态度积极的人比那些只看到事物消极方面的人更理性地思考问题。我们看到了认知能力产生的效果（乐观时我们能产生这种认知能力）。积极心理学表明，积极思维还会影响理性能力。第六章将进一步关注这个问题，而它一开始谈到的是"你可以实现也将会实现自己设定的目标"。这种思维会让你的大脑活跃起来。

你相信自己能做到，你就真的能做到。

——维吉尔（**Virgil**），罗马诗人

定义

积极思维 ＝ 路径思维 ＋ 动力思维

路径思维：能看清目标并找到实现目标的方法。

动力思维：能采取行动，感到自信并始终自信、积极地实施计划。

积极思维结合了计划以及实施计划的能量和自信。计划（路径）受理性的控制，行动（动力）受情绪的控制。

小贴士

以下要素有助于你更积极地思考。

- 积极情绪
- 内在动机
- 成长型思维模式

小贴士

激发行动的事情如下。

- 发挥自身优势
- 满足自身需求并实现价值

情绪受制于个人需求、价值观和欲望。第五章将基于情感能力和潜能进一步分析这个问题。

心理学家乔纳森·海德（Jonathan Haidt）在《幸福的假设》（*Happiness Hypothesis*）一书中引用"骑象人"的比喻。大象好比我们的热情和欲望，它们未经驯化，自由驰骋。我们的意志、理智好似骑象人，远不及大象那般强大。当我们了解了大象的力量，就会理解它并与之合作，而不是企图与之斗争。大象承载着我们的价值观和核心信念，正是这种能量支撑着我们前进。激情和热忱（这是我们所需要的和珍惜的特质）体现出我们更清楚生活真正期望和需要的是什么。我们的需求、欲望及真实的本性好似这头大象，而骑象人代表理性、解决问题的能力和认知能力。骑象人能引导和控制大象，如果大象的需求和欲望与骑象人产生冲突，大象便会跑开。明确你的核心需求和信念，然后你会理解什么才能真正激励你付诸行动。在这个过程中，发挥优势就好像控制你的大象。

情感反馈

实现目标时我们感觉很棒，从这个角度看，对生活充满希望是一种情感过程。当这种情感被纳入未来的以目标为导向的思维模式时，其重要性就会提升。失败时我们会感觉不适，消极情绪让我们对未来的目标和方向不抱希望。这个过程中的情感成分包括：为何发现和理解我们将要选择的目标是重要的？目标是什么及其传递给我们何种价值观和需求？过去哪种经历反映了我们对成功的渴望。

练习

找到让我们充满希望的事

你过去的经历最能让你思考：什么才能让我充满希望？无论成功或失败，你都要弄清楚是什么让你获得了成功以及是什么让你选择了放弃。

回想你曾经实现的某个目标，然后回答以下问题。

- 你为何想做那件事？
- 你遇到的最大的问题是什么？
- 什么方法能解决问题或消除障碍？
- 什么鼓励你采取行动？
- 什么让你保持积极性？
- 你最常发挥的优势是什么？
- 最初／在过程中／最终你有何体会？
- 你学到了什么？

花时间想一想你真正想实现的目标，然后清楚地写下来。

现在请你回答下列问题（分值 1 ～ 10 分）。

- 你想在多大程度上实现这个目标？
- 你有多大的动力？
- 面对这个挑战时你有多兴奋？
- 实现这个目标会让你多自信？
- 你会获得多大的支持？
- 你能在多大程度上应对这种挑战？
- 这个目标在多大程度上反映了你真正珍惜和关心的事？
- 这个目标在多大程度上是你为自己制定的，这是你自愿选择的吗？

请根据自身兴趣完成上述练习。你的回答有针对性吗？如果你设定了具有挑战性的目标，并且对此充满动力、感到激动，那么你接下来要做的就是落实你的实际想法和动机。

实现目标的积极步骤

- 清楚地写下你为何要实现某个目标。
- 说明这个目标的价值，以及实现该目标产生的对立价值。你会二选一吗？
- 说明你可以用来实现目标的性格优势。
- 你认为结果会怎样？该信念对实现目标很重要吗（详见第六章）？
- 如何利用过去的成功经验让自己变得更积极？
- 实现这个目标对你意味着什么？
- 如何像享受结果那样享受过程？你从中获得了何种快乐，或者什么让你感到激动？
- 现实问题是什么？
- 你能将目标分解成一个个更小的挑战（或是一个个小目标）吗？第一步要做什么？
- 你能利用与众不同的方法吗？
- 你从哪里能获得自己想要的支持？你需要别人帮助吗？
- 什么技能是你首先要学习的？
- 你运用成长型思维模式了吗？如何才能创造机遇实现目标？

请注意，在你感到兴奋或气馁时去思考这些问题。试着理解是什么为你带来了正能量，沿着这些路径向前走，试着思考你将如何提升与自身优势相符的品质。

小贴士

请借鉴积极心理学家谢恩·洛佩兹（Shane Lopez）的 GPOWER 模式。

- G（Goal）：什么是目标？
- P（Pathway）：什么是所谓的路径？
- O（Obstacles）：路径中会遇到什么障碍？
- W（Willpower）：激励你的意志源于何处？
- E（Elect）：你最终选择追求何种路径？
- R（Rethink）：重新思考过程。你还能按照相同的方法再来一遍吗？

过往经历对目标的影响

为实现目标你可以采取很多策略，例如为了找到一份新工作，你知道自己要尽可能地扩展人际关系、接受资格认证或培训、更新简历，以及密切关注招聘信息。几周或几个月过去了，计划仍未执行，是什么阻碍了你的行动呢？是不是因为你前几次提交职位申请后没有接到面试邀请？是不是新工作会带来一些问题？例如你要因此而搬家（你上一次的搬家经历不堪回首，你还在想念朋友），或者你每次尝试新事物后都会以不顺利而收场。你的问题在于过去的经历。如果与目标相关的情感力量是消极的，那么无论你在多大程度上期望实现目标，行动的积极性和动机都会受阻，这不令人惊讶。第六章将更具体地讨论如何改变这种状况。改变计划并回想过往经历，重新拟定策略（只要逐步反思曾经取得的成功）是清除障碍、取得进步的方法之一。

行动与价值观冲突吗

有时，人们陷入困境是因为行动与价值观发生了冲突，例如为了追求事业、发挥工作潜能，你牺牲了培养个性的需求（家庭生活可以满足这种需求）。其他价值冲突的例子可能是，你同时需要确定性和安全感，以及风险和勇气；你既需要承担责任又渴望获得公平的待遇。如果在实现愿望的过程中遇到麻烦，无法顺利渡过难关，那可能要归咎于价值冲突。

目标与恐惧

人们无法实现目标的普遍原因之一是：恐惧。我们之前提到，恐惧可能与过往经历相关，而多数恐惧是非理性的。塑造积极情绪是减少恐惧的好方法，你可以尝试将恐惧分解为可管理的部分。请记住，有时感到害怕也能帮助你走向成功。培养成长型思维模式是树立自信和提升技能的好方法。留意你的"大象"，让它热情洋溢，这样做有助于提升信念和幸福感。请记住，感觉良好是打破消极思维的最佳方法！

改善自我效能，提升自我信念

自我效能是一种信念，即相信自己有能力组织、执行你在管理预期状况时所需的行动来源。

——阿尔伯特·班杜拉（Albert Bandura）

自我效能是心理学的重要课题，学者们为此撰写了数千篇论文，进行了无数次研究，目的在于发现，为何当你相信自己能做某事时你更可能获得成功。自我效能关乎你在多大程度上产生做某事的动力。如果你相信自己能实现目标，那么你更可能实现这个目标。心理学家詹姆斯·麦道斯（James Maddux）将自我效能定义为：在特定条件下，你相信运用自己的技能可以完成某事。这是指某人相信自己具备某些技能且能够运用它们，这不是希望自己这么做，而是相信"我可以"。心理学家阿尔伯特·班杜拉在 1977 年引入自我效能这个概念，他认为自我效能主要源于我们自身的经历，有时它也可以被间接感知。看到他人做某事会激励我们相信自己也能做到，他人的信任和鼓励能影响我们实现目标的信念。班杜拉还谈道：情绪能影响我们的选择，还能管理和利用情感去激发我们的积极性。

自我效能会影响选择——你越信任自己，就越有可能做出更好的选择。自我效能让你自我反省，从而积极地影响选择。反过来这会影响你的胜任力、兴趣和人际关系——它们能促进和决定你的生命历程。

影响

增强和发展自我效能的方法如下。

● 拓展经验，尝试新鲜事物。

● 设立可实现的目标，这样做能增强自信和积累成功经验。

● 发挥想象力，想象你正在做某事或已经完成某事。

● 看一看你羡慕的和想要模仿的人，尤其是那些已经实现目标
的人。如果他们能做到，你也行！

● 发挥、理解情感的作用（第五章我们将具体讨论）。

● 寻求他人的支持和鼓励。

小贴士

自我效能越高，你就越能做出较好的选择！

自我效能影响你的积极性、自我感觉、毅力、健康以及选
择。作为教练，我让客户尽可能基于现实情况来想象自己在做某
事，然后想象当自己成功时会产生什么情感和效果。毫无疑问，
相信自己能做某事是有用的。

目标

● 支持和反思你的价值观

● 发挥自身优势

● 提供让自己进入心流的机会

● 变得自主，忠于自身选择

● 付出努力

● 培养胜任力，获得必备的技能

- 享受实现目标的过程并为之兴奋
- 让它们成为更大目标的一部分
- 拓宽机遇
- 明确步骤
- 树立信念

||||||||||||||||||||||||||||||||||||||||||||||

小贴士

- 庆祝你在实际目标的过程中取得的小成功。
- 向前看，不用管让你无能为力的事。珍惜所有经历，不经历风雨怎能见彩虹。
- 笑对坎坷。
- 不要让负面声音过分影响自己。
- 不要自我怜悯、自责或反思那些自己无能为力的事。
- 不要一直评论自己做得如何。

练习

- 决定本周你要实现哪个目标。
- 告诉一位朋友你要实现这个目标。
- 在你实现这个目标后与这位朋友一起庆功。

小结

- 本章介绍了在不同的生活领域如何发挥优势去影响你的幸福感和实现目标的能力。
- 思考你的价值观，留意你的目标何时能以及何时不能反映、培养你的价值观。
- 检验你的基本需求如何才能管理自己的目标和方向。
- 了解自我导向和内在动机如何成为关键的驱动力。
- 实现目标必备的两种重要因素：解决问题和行动的动力。思考什么能支持这些因素，让自己变得更积极。
- 信任自己是实现目标的关键条件。
- 最终，你选择了需要付出努力去实现的较高目标。

我希望你更自信，为设定新目标（新目标会产生令人兴奋的挑战）而激动。第五章将检验你如何才能更好地理解情感并发挥情感的效用，这样不仅可以改善人际关系，还可以充实生活。

第五章
情感健康：与自己及他人
建立更好的关系

　　与他人建立良好的关系受我们与自身关系的
影响。与自身建立良好的关系包括与我们的情感
建立良好的精神关系。

世界是一面镜子，映照出每个人自己的脸。

——威廉姆·梅克皮斯·萨克雷

(William Makepeace Thackeray)

第三章告诉我们积极情绪的重要性，以及感觉良好对身心健康的影响。我们了解到，这些如何以反馈圈的形式在所有生活领域帮助我们实现自我提升。本章关注情感健康——我们在情感的影响下如何思考并看待情感？在每个生活领域，情感为我们提供信息，帮助我们进步。越能更好地理解自身的情感，你就越能理解他人的情感，你也越能在情感和欲望方面做出回应和行动。当你思考并解读情感，而不是与之发生冲突时，你就会考虑得更全面。

我将讨论情商的重要性，并解释如何理解、运用、管理情感。当你更好地理解你与他人的感受以及你为何会有这种感受时，你就能建立更好的人际关系。请记住骑象人和大象的比喻：有时，我们急于判断和检查其他大象和骑象人，却忘了我们自己也骑在大象的背上。

小贴士

与他人建立良好的关系受我们与自身关系的影响。与自身建立良好的关系包括，与我们的情感建立良好的精神关系。

情感控制与情商

感性与理性是对立的，这是根深蒂固的观念，它们让人类的基本欲望服从于更高层的理性思维。事实上，大多数文化将未受控制的情感视为社会禁忌。在一些文化中，表达情感（不仅是未受管理的情感）被视为脆弱。控制情感的能力是社会接纳和成熟表现的基本要求。我们的欲望与理性的关系基本上以这种方式被理解：激情屈从于理性。我们对情感的这种态度容易让我们忽视情感本身。科学研究鼓励我们将情感视为与思维一样睿智的重要工具，即让情感与思维保持一致。因为思维用来表达和管理感情，所以理解、利用情感也会促进智商的发展。我们需要带着感情去思考一切事物，同时审视自身的情感。

被他人支持和理解并与他人建立联系，这是人类的基本需求。事实上，提高情商基于我们自己去发现情商，积累情感知识（从婴幼儿时期形成的关系里我们就开始学习这些知识了）。

情商

过去，仅仅用有逻辑的"精神"智商就能解释为何有些人在生活中表现得更好。心理学家霍华德·加德纳（Howard Gardner）较早提出多元智能。他相信我们在内在互动（与自身的互动）和与他人互动（人际互动）中至少要发挥八种能力。情商（Emotional Intelligence，EQ）包括社交技能和沟通技能。

一些研究情商的心理学家如丹尼尔·戈尔曼（Daniel Goleman）和理查德·博亚兹（Richard Boyatzis）相信，情商是一系列能力的组合，当某人适时、频繁、有效地表现构成自我意识、自我管理、社会意识和社交技能的能力时，我们就认为此人具有情商。积极心理学家鲁文·巴昂（Rueven Bar-On）甚至认为情商（情绪智力）指个体全面地整合情感的能力，他相信至少有十种因素能促进情绪智力和社交智力。基于鲁文·巴昂的情绪智力理论，你认为自己具备其中几种因素？

小贴士

促进情绪智力和社交智力的因素如下。

- 自我尊重——准确评估自我、强化内在优势
- 情绪自我觉察
- 自信——善于表达自己
- 人际关系——社会责任感，建立关系的期许，与他人和睦相处
- 共情——有同理心、关怀他人
- 现实检验——能准确地评估情感
- 问题解决

- 灵活性——能适应环境并做出改变
- 压力承受——能理解和控制情绪，能应对和影响环境或事件
- 冲动控制——能控制好斗情绪

目前，我们逐渐接受了这样的观念——情商（EQ）能像智商（IQ）那样被评估和测量，情商得分高表明个体获得成功的潜能大，这不仅体现在社交方面，还体现在生活的各个方面。现在，许多人相信情商是比智商更重要的能力指标。

不包括能力测试的试验可能无法准确地评估受试者。我们有必要明白，社交能力和情感功能是关键的技能，我们可以学习并改进这些技能。我们能够更好地理解自己的情感，相信它们会比单纯的无助、热情的回应或变幻莫测的人格类型更高级。

积极心理学家约翰·梅耶（John Mayer）、彼得·沙洛维（Peter Salovey）和大卫·卡鲁索（David Caruso）在情商的前沿领域颇有建树，他们采用能力测试法将情商分为感知情感、利用情感、理解情感和管理情感这四种独立的能力。他们相信，体现情商的每种方法都是可测量的，它们共同评估某人的情感技能。接下来，我们从这四种技能出发分析情商。

1. 感知情感

我们通过他人的面部表情和身体动作感知他们的情感。

洞见　　情感表情在全世界是相似的，唯一的差别在于何种情感表情可被接纳，它会受到性别和文化的影响。

较好地感知情感意味着你能够：

● 了解自身的情感；

● 从他人的面部表情识别他人的情感；

● 识别物体和艺术品所包含的情感；

● 适当地表达情感；

● 及时发现他人表现出的不当情感。

洞见　　　心理学家保罗·爱克曼（Paul Eckman）在研究表情时发现，为了深入理解不同的肌肉群如何表达细微差别的情感，他一整天都在扮鬼脸，之后他真正"感受"到这些鬼脸所代表的情感，这与研究发现一致。该研究对表情加以控制，发现表情可以产生情感，这种情感也同时激发了表情。这就是"表情反馈"假说。脸部肌肉运动实际上影响了情感体验。该研究让被试不要微笑，或者让他们口含铅笔微笑。相较于嘴里没含铅笔的人，那些咬着铅笔无法正常微笑的人发现漫画没那么有趣。

　　研究证明，当你微笑时会感觉较好。试一试，当你假装生气时你能否产生良好的感觉；或者，你试着微笑，眼中的世界可能会变得更美好。

　　姿势对情感也产生影响，试着将手放在臀部，或者保持轻松的姿态，比较哪种姿势会让你感觉更好。

练习

你曾经感受到多少种情感？什么让你产生这些感受？

喜欢、爱、关注、同情、多愁善感、欲望、迷恋、愉悦、高兴、满足、兴高采烈、喜悦、兴奋、激动、热忱、满意、快乐、骄傲、希望、放松、惊喜、惊奇、恼怒、烦恼、挫败感、气愤、敌意、愤恨、苦涩、怨恨、厌恶、讨厌、鄙视、嫉妒、忌妒、伤感、痛苦、郁闷、忧伤、悲伤、悲惨、失望、懊悔、内疚、害羞、孤独感、羞辱感、不安感、尴尬、羞愧、挫败、忽视、反省、同情、怜悯、共情、温和、害怕、惊骇、恐慌、紧张、敬畏、忧虑、恐惧、神经紧绷、压力、憧憬和激情。

- 此刻你能感到自身的哪些情感？
- 此刻你多爱自己，多亲近自己？
- 什么感情对你有帮助或阻碍了你的发展？
- 回忆那些令你或他人感觉重要的时期或事情。

花时间思考上述这些问题有助于你反思情感。留意你是否局限在一般的快乐或悲伤的情感中，或者你是否变得更细腻、更敏感。试着拓宽意识和感知，让你对事物的认识更准确、更具包容性。

2. 利用情感

情感有助于思考。积极情绪会让我们更透彻、更创新地思考问题。

■ ■ 示例 ■ ■

心理学家爱丽丝·艾森（Alice Isen）发现，医生心情好时会比情绪低落时更可能做出正确的诊断，与病人更积极地互动，更好地了解他们的病情。

情感能影响想法和决定，情感甚至还会影响记忆力和行动能力。

洞见　研究表明心情会影响记忆力。情绪消极或心情平静时，我们更可能唤醒负面的记忆；心情愉快，心态积极时，我们更容易想起美好的事情。

小贴士

提升情绪，有效执行任务的具体方式如下：

- 做细致或精确的工作时，让头脑保持清醒；
- 营造积极氛围和情绪，激发创新思维和全新思考方式；
- 理解你的心情能支持、影响你的认知能力。

3. 理解情感

情感不断变化，错综复杂。理解情感首先需要认识到情感的复杂性，然后洞察某些情感产生的原因。理解某人为何会产生某种情感有助于你把控事态的未来发展趋势。理解情感的复杂性能让我们以更可控的方式理解这种复杂性。当你与擅长理解情感的人在一起时，你会感觉他们很理解你。这是一种共情能力，也可以说他们富有洞察力。

情感不是单向的，我们可能同时产生多种情绪。情绪心理学家罗伯特·普拉奇克（Robert Plutchik）认为有八种基本情感和八种高级情感（由基本情感中的两种组合而来）。基本情感也被纳入浮动强度表。在普拉奇克看来，其他情感均由浮动表所列的情感（见图 5-1）和任意一种基本情感（或类似情感）组合而来。

愤怒	**生气**	烦恼
	好斗情绪	
警觉	**期盼**	兴趣
	乐观	
狂喜	**喜悦**	平静
	爱	
羡慕	**信任**	接纳
	谦恭	
惊恐	**敬畏**	担忧
	惊叹	
惊诧	**惊喜**	心烦意乱
	失望	
忧伤	**悲伤**	忧郁
	悔恨	
嫌弃	**厌恶**	烦闷
	蔑视	
愤怒	**生气**	烦恼

图 5-1　罗伯特·普拉奇克的基本情感和高级情感列表

值得注意的是，许多情感可同时被感知。情感与你的价值观、过往经历和需求紧密相关。当你描述自己经历的事并做出回应时，你就加入了自己的情感因素。基于你的欲望和需求，你可能会遇到不同的情感问题，尤其是当需求未被满足或受到阻碍时。

如果不处理导致内心冲突并让你感到痛苦的情感问题，你可能会对他人的行动或需求（这些行动或需求反映出这种情感）产生强烈的反应。你会较多地注意到这一点并将它找出来，你甚至还会想象它就在那里并准备去应对。如果你曾用消极的方式回应某人，你会意识到这一点。他们在做什么或在说什么？他们在质疑你的价值观吗？他们的反应能让你看到自身的特质吗（而你并不愿意看到这些特质）？

留意情绪反应会让我们变得更好，你可以留意某事是否导致你以特定的方式做出了反应；或者，某人可能假设他遇到的问题发生在你身上——如果你莫名被攻击可能就是遇到了这种情况。有时，这种现象被称为"镜面反射"，因为情绪会对自身的镜像做出反应。电影《蒙娜丽莎》（*Mona Lisa*）中有类似的例子，一个女孩遭到情感攻击时知道那是攻击者的问题，她保护自己并向前走，而不是进行反击。在这个故事中，被攻击的女孩知道攻击者的问题，而在日常交往中情况并非总是如此。适当地留意他人的情感并质疑为何此人会有此类情感，这样做能产生巨大的力量。生气，可能是痛苦、焦虑、害怕、嫉妒或忧伤的表达方式。

小贴士

当某人看起来很生气时，你不妨问问自己，他是否因某种原因感到焦虑、害怕或不开心。人们在害怕时会明显表现出好斗情绪。

感到焦虑让你看起来像是在生气，一旦他人对你产生这种第一印象就很难改变了。我不希望你被人误解，而是希望你能意识到情感的复杂性，以及它们是如何被表达和感知的。

4. 管理情感

管理情感是一项长期策略，它关系到你如何产生最佳的情感反应。管理情感是指相信自己能做好某事，以便你在承受压力或事情进展不顺利的情况下仍能感觉良好（第六章将详细讨论如何管理情感）。擅长管理情感是指能制定情感管理的长期策略，积极、有目的地处理问题，能自己决定去做什么并付诸实践。

小贴士

擅长管理情感的人能够：

- 对自身情感持开放态度；
- 在必要时管理好自己的心情；
- 明白情感在自身和他人身上扮演的角色；
- 处理状况中有关他人和自身的情感问题；
- 采取策略改变心境和情感；
- 评估和借鉴这些策略的效能。

洞见　　关注自身和他人情感的能力因人而异，有些人天生擅长这样做。虽然自闭症和阿斯伯格症[①]患者不擅长解读情绪，但他们能习得这些情绪。

---

①　阿斯伯格症的症状与自闭症类似，但症状比较轻微，二者在诊断上同属于"泛自闭症障碍症候群"。——编者注

捕捉情感

无论情况如何你都可以评估自己的情感。放下手头的事数到十，留出空间去关注自己的感受或体会他人的感受。在某种情感产生之前先了解它，会让你有时间调整、改善心境。请留意诸如胃部收紧这类身体警报。

短期内管理情感的好方法如下。

- 锻炼，如散步
- 听音乐
- 社交支持，如向朋友倾诉
- 放松身心

管理情感的长期策略涉及行动和方向，研究问题并制订计划。积极思考有助于个体进行长期的情感管理。

在短期或长期管理情感的过程中不宜做以下事情。

- 过度饮酒
- 拖延
- 贪吃
- 贪睡

我将在第六章详细介绍处理情感问题的良策。

在大多数情况下，我们是下意识地识别、回应情感的。记得要基于眼下考虑事实，因为感受会影响想法。这是较好的情感管理方法。

　　学会接纳、理解和管理自己的情感是需要付出时间、付诸实践的，当你足够幸运（天生就有同情心、具有较高的情商）时也需如此。

发挥情商的作用

- 你会对他人的特定情感做出不良反应吗？
- 你会对你自身的特定情感做出不良反应吗？
- 当他人与你在一起时，你希望对方有何感想？
- 你也是这么想的吗？

练习

　　为了了解自己的情感，你可以尝试以下做法。

- 描述上个月你成功识别并管理自身情感和他人情感的情况。
- 你采用何种技能管理自身的情感与他人的情感？
- 描述一个需要你紧急识别和管理自身情感与他人情感（你尚未顺利完成）的情况。
- 你觉得什么情感难以在自身和他人身上被识别？
- 你想拥有什么技能让自己更有效地管理情感？
- 现在你能采取什么步骤发展技能？
- 你采取这些步骤将付出何种代价或有何收获？

情感具有感染力

情感管理能力对改善人际关系很重要。情感具有感染力，与快乐的人在一起时你会更幸福。这并非是指当你分担对方的苦恼时就不会感到悲伤，而是指你的情感在何时、何地受到影响。越能注意自己的行为和反应并理解自身情感，你就越能体谅他人。事实上，研究表明我们更擅长评价别人，也倾向于更准确地评估他人，而我们往往认为自己表现得更好。某项研究表明，我们倾向于认为自己在测试中比在实际生活中更能干、更有道德感。当涉及那些反映我们最看重的行为和回应时，情况更是如此。相较于评估自身的反应，我们更擅长准确地评判他人，尤其是在评判道德行为时。评判他人可能会降低或增加自身的盲目性。为了改善共情能力，你首先要质疑你对自身及他人的情感判断能力。

评判意识

我们为何经常评判他人？乔纳森·海德（Jonathan Haidt）说，评判是社会凝聚力的一种主要黏合剂。他认为，"针锋相对"或"己所不欲，勿施于人"的态度能让人较顺利地融入群体。通过彼此公开评判，我们监督或监视这种紧张关系。正因为我们评估和评判他人，我们就有理由认为他们应该承担义务并向他们追责。我们不断评判谁应该获得奖励或接受惩罚，想当然地认为我们应该"针锋相对"。在《男人来自火星，女人来自金星》（*Men are from Mars, Women are from Venus*）一书中，约翰·格雷（John Gray）探讨了我们如何能处理好伴侣之间的亲密关系，并恰当地评价对方。人们的奖励机制各不相同，因而容易产生沟通问题。许多奖励机制关乎性别、人格、阶级（阶层）、文化、年龄和价值观（尤其重要）。你的信念和价值观反映、管理着你对世界的理解方式，从而影响你的判断力，管理你的情感。

我们通过价值观感受世界，透过这层情感面纱评判他人。

练习

　　回答以下问题（分值 1 ～ 10 分），了解你在多大程度上评判他人，与他人做比较。

- 你经常对别人感到失望吗？
- 你经常批评他人吗？
- 你经常赞扬他人吗？
- 你觉得花时间与某些人相处值得吗？
- 被他人认可对你来说有多重要？

我们暂且不评判他人。参照他人来评价你自己，是让你不幸福的重要原因。

与爱人建立积极的关系

通往幸福婚姻的钥匙是与一个快乐的人结合。快乐的人更可能被爱，因为他们更具吸引力。快乐者的婚姻关系会更持久，因为感到快乐表明他们更乐观、更有韧性，遇到麻烦不太可能退缩。拥有幸福的婚姻说明你感到幸福，对生活满意，这样对健康不无裨益。

有趣的是，研究发现，婚姻只能在婚后几年内提升个人幸福感，之后双方又会回到默认的幸福状态中。这就是"享乐适应"在作怪！研究表明，你越感到幸福，就越可能步入婚姻的殿堂（而非逃避婚姻），结婚就越会让你变得更幸福。

一项著名的研究发现，在中年仍然拥有幸福、稳定的婚姻关系的女性更有可能是在多年前的大学毕业照片上留下温暖、幸福笑脸的人。她们当时就已经很幸福了！

关系和睦总比没有关系要好，在和睦的关系中，我们的基本需求——与他人联系、被他人关心、被他人爱——能得到满足，第四章我们谈到了这一点。

洞见	幸福当先！

研究表明，拥有唯一的忠诚伴侣会让我们更幸福，在稳定、平静的长期关系中可能更频繁地与这位伴侣发生性关系。这对单身者来说是个坏消息吗？当然不是！事实上，最不幸福的人是那些婚姻不幸的人。本书前四章介绍了积极的生活方式，它能让你在其他领域增强信心和幸福感，也会让你更具吸引力，哪怕你只愿多微笑并经常知足常乐。幸福婚姻不是幸福的唯一要素。

小贴士

什么对幸福的夫妻最重要？

- 相互尊重。
- 相互接纳。

- 相信优良品质和积极行为是另一半与生俱来的特质。
- 面对冲突能具体问题具体对待，而不是以点概面。例如，你应该认为"他今天不怎么友好"而不是"他一贯都不友好"。
- 双方产生矛盾和发生争吵后能快速和好。
- 能有效管理男女不同的谈话方式。
- 能彼此亲近，给予彼此力量。

奥斯卡·王尔德（Oscar Wilde）认为愤世嫉俗者"知道一切事物的价格却看不到它们的价值"。仅仅夸奖伴侣的品质还不够，关爱和珍惜伴侣的能力还包括真正理解对方及其优点、缺点。

洞见 花 10 分钟倾听一对夫妻的谈话——只要听他们如何与对方说话以及如何谈论对方——就足以让关系专家约翰·戈特曼（John Gottman）准确指出哪一对夫妻必然会选择离婚。研究表明，为了经营一段和睦的夫妻关系，积极和消极情绪的配比应该达到 5∶1。消极情绪（如批评、生气或敌意）导致的伤害比积极情绪（如兴趣、怜悯或仁慈）带来的力量大 5 倍。而那些不对伴侣发脾气，不向对方表达爱意和幽默，或对另一半不感兴趣的人也不大可能长期维持婚姻关系。

用积极心理学改善亲密关系

虽然以下内容是为现阶段的伴侣而写的，但其中许多因素、问题和练习适用于所有亲密关系、友情和共事关系。在阅读本章余下的章节时，请回忆你在生活中想与之改进关系的各类人。

1. 兴趣

想一想你对伴侣表现出多大的兴趣。

- 你为伴侣的生活带来了多大乐趣？
- 你的伴侣现在关心什么？
- 你对伴侣的目标多感兴趣？
- 你会与伴侣分享你的奇遇吗？
- 你知道如何让伴侣惊喜吗？
- 从伴侣身上找出你所不知道的东西，心怀好奇，但不要太唐突。

看向事物好的方面，积极与人谈话和谈论他人，分享和表达你的兴趣，这些对任何关系来说都很重要，尤其在恋爱关系和长期人际关系中更是如此。

2. 发现伴侣及他人身上的优点

在第四章你看到自己具有哪些顶级优势。现在是时候思考你的伴侣和那些与你亲近的人的优点了。

- 你发现伴侣身上的品质了吗？你认同它们吗？
- 写下你和伴侣身上的五大优点。
- 什么是你们的共同优点？
- 你们的哪些优点是不同的？
- 你如何仰慕伴侣的优点？
- 伴侣最重要的情感需求是什么？

- 你如何将上述问题的答案付诸行动？

承认他人的优点不仅对他们、对你与他们的关系有好处，还会让你变得更快乐。这一点并不新奇，两千年前罗马大帝、哲学家马尔库斯·奥里利乌斯（Marcus Aurelius）给出以下建议。

想变得快乐不妨想一想你身边品质优良的人，例如精力充沛、谦逊、宽容以及具有其他优秀品质的人。

——马尔库斯·奥里利乌斯

3. 感激

感激某人，让他知道你真正理解他，他的存在对你有价值。

- 写下你伴侣做的最让你感到满意的五件事。
- 在这一周内告诉伴侣这些事。
- 为何你最感谢他们做这些事？
- 写信把你的感激告诉伴侣。
- 你们之间的关系教会了你什么？

4. 多样性

多样性是生活的调味品。

- 本周，你如何带给伴侣惊喜，不妨向对方表达你有多了解对方，接受并关爱对方。

- 伴侣为你做的、最令你激动的事情是什么？
- 告诉他们这些会怎样？

5. 向积极的方面看

正如我们适应各种环境和境况（有关第二章谈到的"享乐适应"效应），我们也会忘记伴侣身上曾让我们感到新鲜和激动的方面。

- 伴侣身上最先吸引你的是什么？
- 之后你变成了怎样的人？
- 什么事曾让你激动？

6. 具体地分析坏事，一般性地评价好事

以下四类说法，哪两类是你最可能说的？

- 我的伴侣为我做某些事，因为他 / 她很善良。
- 我的伴侣今天很友好，因为我需要他 / 她的帮助。
- 我的伴侣迟到了，因为他 / 她误了火车。
- 我的伴侣总是令我感到失望。

同意第一点和第三点（相较于同意第二点和第四点）表明你更积极。在第六章，我将更详细地讨论这个主题。

7. 健康的依恋关系

有些心理学家相信，自童年开始我们的关爱方式就已经形成。通常，首先发展的是母子（女）关系，此类关系的性质及其健康与否决定了我们今后的人际关系。母子（女）依恋的性质会成为我们今后的依恋模式，或者，它会对我们如何被拥有不同依恋模式的人吸引产生影响。

依恋理论家坚信，依恋关系在智商、情商、社交和道德发展中占据核心地位：一个孩子在探索、超越自己母亲的过程中获得发展；当探索过程令他感到恐惧时，他就会回到母亲身边不再冒险前行。当孩子学会信任这种依恋关系并渐渐变得爱冒险和具有自主性时，其就会形成积极的安全型依恋。如果孩子回到母亲身边得不到抚慰，感到不适或没有安全感，依恋关系就会变得不健康，孩子会感到焦虑、不自信。有些孩子因为某些原因不愿与父母接触，这会导致一种回避型依恋模式，其会远离亲密关系并感到不适。心理学家卡西迪（Cassidy）和谢弗（Shaver）提出了第四种依恋模式，他们称之为紊乱型依恋（Disorganized），这种方式结合了两种特性：分离和依附。心理学家阿兰·卡尔（Alan Carr）发现家庭和个人身上体现出相似的行为模式。

练习

表 5-1 中提及的依恋模式哪些反映了你的经历？

表 5-1　依恋模式

安全型	焦虑型	回避型	紊乱型
孩童期时具有自主性	孩童期会生气、依赖大人	孩童期会出现回避反应	孩童期粘人、回避他人，感到恐惧
成年后具有自主性	成年后心事重重	成年后疏离他人、态度冷漠	成年后，容易与他人产生冲突，情绪矛盾
为人父母时，对孩子的需求做出积极响应	为人父母时，不能持续照顾孩子，不被孩子信赖	为人父母时，孩子拒绝与之亲近	为人父母时，对孩子恶语相向或心不在焉
家庭适应性强	家庭关系纠结	家庭关系自由散漫	家庭发展找不到方向

先了解你和伴侣的依恋模式然后开始改进彼此的关系，例如理解、接纳、宽容和较好地管理情绪。依恋模式还有助于增进友情。

● 你和你伴侣的依恋模式是什么？
● 依恋模式如何影响你们的亲密度？

8. 庆祝

庆祝和分享好事对积极情绪十分重要。我们能较好地与他人分享、相互信任、建立亲密关系。当某人说"你真棒"时我们感觉很好，在实践中真的做得很棒时就会产生更好的感觉！

积极和有同理心是指，我们态度诚恳，积极地回应好消息，主动认可对方，与他们共同庆功。心理学家谢利·盖布尔（Shelly Gable）表示，建立健康幸福的关系（尤其是亲密和信任关系）很关键。

注意事项

该做的事

√ 诚恳待事，保持兴奋状态。

√ 铭记关键时刻。

√ 集中注意力，关注细节。

√ 由衷地为朋友或伴侣的成就感到高兴。

√ 暂且搁置个人需求。

不该做的事

× 只谈论你自己和你的成就。

× 只看到坏结果或冲对方"泼冷水"，例如你说"这很好，但是你要怎么做到……"。

× 立刻转移话题或注意力。

× 忽略新闻或实事。

与自我和解的方式

接纳自己，了解和关爱自己，这样做会让你获得成长和发展的机会，也有助于你与他人建立关系。所有情商理论都强调自我关注和自我意识的重要性。

1. 避免社会比较

我在第二章谈到，追求完美的选择者更容易在社会比较中感到痛苦。研究表明，你越快乐，就越少注意他人的成功或较少受他人成功的影响。请记住，不断与他人比较会让你苦恼。研究表明，社会比较最容易让我们感到压抑。

留意你是否不断根据他人来评价你自己。社会支持也是自我的一部分，身边的人对你的自我感知会产生重大影响。依照他人的观点行事会影响你的自我关注度，这反映在你与他人的关系上。

练习

为下列问题打分（分值 1 ～ 10 分）。

① ② ③ ④ ⑤ ⑥ ⑦ ⑧ ⑨ ⑩

- 你觉得"我的朋友认为我的生活很有趣"有多重要？
- 你觉得"与他人比较谁赚钱多"有多重要？
- 你有多在乎自己开什么车？
- 合适的衣着（花哨的或朴素的）对你来说有多重要？
- 合适的家具（旧款的或新潮的）对你来说有多重要？
- 你在多大程度上注意别人阅读的书籍或观赏的电影？
- 你在多大程度上与他人比较体重？
- 你在多大程度上关注他人的智商？
- 你在多大程度上注意某人的精神意识？
- 你在多大程度上希望获得他人的认可？

如果你对以上问题评分较高，可能说明你很在乎他人对你的肯定，或者你想通过与他人比较来证明自己。

消极地与他人攀比和评判他人百害而无一利，这会让你产生不适。人人都需要归属感，都希望被自己认同的群体接纳，这一群体的成员拥有相似的人生观、幸福感和活动内容。归属足球俱乐部、社区、学校、地理区域、生活经验或社会阶层构成了身份认同，与我们共享这些的人是我们身份认同的一部分，让我们产生归属感，感觉自己与他人建立了联系。

你想从"自以为"拥有的身份认同中获得另一种身份认同，与适当地发展你真实的身份认同不同。如果你认为身份认同来自外在表现，那么你就会盲目地与他人攀比，并对他人指手画脚。

2. 与认可你价值观的人交朋友

选择互补型而非竞争型（对方的能力和优点与你的形成竞争）的人际关系和朋友不会让你盲目攀比和心生妒忌。如果你的伙伴和朋友拥有令你羡慕的品质和优点，你们会彼此尊重和钦佩。

3. 真实而非真诚

基于我们的想法或价值观"了解我们是谁"是较为现代的观念。自我信念逐渐形成自我身份认同。如果社会认同我们的真实信念，且我们遵从社会接纳的思维方式，我们就会受益。在乔纳森·海德看来，真诚渐趋势弱，真实则立足现实。你可以表现得高尚和真诚，但变得真实则需要你面对现实，适当地向自身和他人妥协并负责任。

真诚的人因其乐于关爱、认可他人而备受欢迎。当某人诚挚地信仰有害的意识形态，拥有极端的自我表现或政治决定时，我们甚至还会表示赞同。如今的问题是，真诚已不似当初。当自身的身份认同更依赖于他人的认可时，真诚便如同希腊哲学家口中的说辞——看起来良好或睿智比实际上良好或睿智更重要。现在，真诚同样被扭曲——人们更多地思考"我们想成为怎样的人"而非"我们究竟是怎样的人"。

- 真诚的你是怎样的？
- 面对真实的自己，你又会怎样？
- 这二者有何区别？

在接纳、爱、好奇心、感激和乐趣中提升自我关注。学会接纳、赞美你所拥有的一切——缺点、优点、真实的家庭出身和成就。之后，你会发现自己能更好地享受所有关系，尤其是你与自己的关系。学会自我接纳是发展自我关注的一部分。

4. 发现他人身上的最大优点

发现他人的优点，是你所有关系中最重要的品质。维克多·弗兰克尔（Victor Frankl）引用侧风飞行的比喻：你需要抱着超越既定目标的信念前行才能到达目的地，因为侧风容易让你偏离跑道。以这种方式看待他人会产生同样的效果，发现并相信他人具有潜力，会帮助对方成为"应该成为的样子"，而不是看到对方"现在已有的样子"。

> **洞见** 在一项权威研究中，我们要求一名老师上一堂课，并告诉她能拥有这些聪明的孩子该感到幸运；我们告诉另一位老师相反的情况——要教这么多难管、反应迟钝的孩子有多么不幸。事实上，孩子都是随机选进班级的，两班的教学结果却大相径庭。

发现他人身上的闪光点，将优良品质与积极行为视为他人的特性，这样不仅对对方有益，也有助于你与其建立良好的关系。这意味着你不仅要将某类品质视为某人所独有的，还要将其视为其本身固有的。例如，你要说"她曾经对我很好是因为她向来就很友好，"而不是"她曾经对我很好是因为那时我过得不好"。

✂ -

小结

- 本章介绍了情商，帮助你思考如何识别、利用、理解和管理你自己和他人的情感。
- 你质疑自己会在多大程度上评判自己和他人。
- 我们分析了幸福与健康关系的因素，以及感激、兴趣、赞美和多样性如何改善人际关系。
- 我们了解了依恋模式，以及它们如何影响人际关系。
- 我们了解形成自我关注的方法，检验为何了解真实的自己对我们建立与自身的友好关系至关重要。
- 我们看到，评价自身与他人行为的方式不仅会影响你们的关系，也会影响福祉。我将在第六章进行详细分析。

- -

第六章
心理韧性：如何增强适应力

生活好似一场微妙的冒险之旅，艰难险阻既能削弱斗志，也能磨炼意志，适应力强的人不一定比别人更自信，但他们拥有更好的应对策略。

充分利用顺境，在逆境中做最坏的打算。

——罗伯特·路易斯·史蒂文森（Robert Louis Stevenson）

如果你已经将本书提到的部分积极心理学的研究发现应用于实践，你将更好地适应环境。本章关注有助于你建立和培养适应力的品质。我们将讨论乐观为何比悲观更能让你应对状况，什么是最佳应对策略，以及如何从逆境和创伤中成长。

小贴士

积极心理学发现，适应力较强的人一般具备以下几种特征：

- 乐观向上；

- 充满希望，擅长解决问题；

- 自信而不自负；

- 能自我调节，适当发挥情感的作用；

- 能在逆境中发现有利、有意义的方面；

- 有幽默感；
- 在童年经历中（至少）拥有一位强势的监护人；
- 能利用社会支持，适时求助朋友和家人；
- 能采取一系列适应性保护措施；
- 持续学习、持续进步。

何谓适应力

　　适应力不仅指应对状况的能力，它在人们积极应对问题中产生。本书将帮助你发挥最强优势以增强幸福感。请记住，你所做的一切都会产生影响！当你更多地看到事实积极的一面时就会发现自己可以做得更多，从而积累应对问题的技能，它们是应对现实困境和从险境中脱身的坚固垫脚石。拥有较强的适应力，发现自己比想象中拥有更多的优点，这样你就能承担越来越多的挑战，过上真正满意的生活。

> **洞见**　　一些适应力强的卓越领导者谈到自己时并非总能信心满满。适应力强的人不一定比别人更自信，但他们拥有更好的应对策略。大家都认为自信是应对逆境的关键能力，事实上，当我们过多地应对不利状况时会失去部分自信。生活好似一场微妙的冒险之旅，艰难险阻既能削弱斗志也能磨炼意志。适应力不会让我们变成石头，它能让我们学会在困难面前适当地低头，明白这一点有助于释放心理压力。

　　适应力不同于生存力。生存机制能帮助你从瞬间发生的事故或心理创伤事件中活下来，但是，如果你无法克服创伤后应激反应，就不一定能从中吸取教训。顶住破产或失业打击的人，如果认为这只是失败而不将其视为学习和成长的机会，那他们就不算适应力强。从离婚的悲伤中走出来，不同于从婚姻"红灯"里吸取教训并开始新的生活。

什么造就了适应力强的人

人们的许多应对技能在童年时期就形成了。被培养、保护且接受严格的管教，是提升适应力的关键因素。如果童年时至少有一位富有同情心的监护人，孩子就能间接学会适应，受到积极的影响。天赋异秉自然也是关键要素。孩子们学习如何解决问题，管理自身行为，被教导要看到事物的积极方面，要有幽默感。聪明的孩子一般知道如何避免被人愚弄，能有效地克服困难和创伤。许多喜剧演员说他们在童年时期就擅长逗乐，这种能力也被视为一种应对策略。

在第三章我们看到积极情绪对建设心理资源的重要性。因此，积极情绪在形成和促进适应力方面扮演着重要的角色。然而，负面情感（痛苦、悲伤、失落等情感都与不幸的遭遇有关）也能为我们打开发展、成长的大门。通常，我们要了解自己真实的感受和想法，以便改进我们处理生活琐事和重大事件的方式。

感知的作用

我们对自己讲的故事，对事件做的解释构成了我们赖以生存的叙事。积极心理学家衡量人们对事件的感知和解释能在多大程度上应对（或大或小的）困境。

问题的准确度

悲观者和情绪压抑者看问题比较准确，乐观者容易被其能力和对事件的控制力所迷惑。悲观者看到事物"现有的样子"，研究表明这似乎是不利的，而乐观者的"有污点的太阳镜"是积极应对、响应现实的有效工具。悲观者容易被打败，产生挫败感，而乐观者更容易存活和发展。

事实上，我们更倾向于积极地（而非消极地）看待自身。我们为自己搭建了一座中心舞台，自己扮演英雄和主角，为即将展开的故事情节增添色彩。心理学家雪莱·泰勒（Shelly Taylor）解释道："当我们积极地想象自己时，这些想象（而非知觉中的瑕疵）应被理解为一种重要资源和适应型应对措施。"健康、积极的幻想在积极的自我信任中保护我们，提高我们的做事效率；而对我们实际能力的分析从严格意义上看会让我们变得更理性，降低做事的效率。

落入装有淡奶油的搅拌器的老鼠是一个很贴切的例子：悲观的老鼠看到的是无望的境遇，它会很快被液体淹没；而乐观的老鼠会不停游动，相信自己可以控制环境，必将为胜利欢呼，它努力地游动，淡奶油渐渐被搅拌并打发成黏稠的奶油，它就能借势跳出去了。

如果你对自己改变环境的能力抱有错误的幻想，那你确实需要在现实中检验自己。心态健康的乐观者善于面对现实（事实上他们更可能这么做）。有时，我们应该对现实和自身能力做出准确的判断，例如驾驶飞机、练习记账或为病人做手术。研究表明，有轻度抑郁症或拥有中立心态的人会更准确地看待自己，这看似暗示了我们有必要雇用轻度悲观的飞行员、会计和外科医生。然而，一点点变得乐观是一件好事，尤其是当我们陷入困境时。

洞见　在马丁·塞利格曼看来，"相信无论在何种情况下我们都能影响结果"的重要性通过他的研究——"犬只行为及其对微量电刑的反应"体现出来。许多狗会迅速放弃反抗，被动接受刑罚，而有些狗会继续抗争。尽管不断遭遇挫折，"坚持下去、面对困境"与"逆来顺受、无望反应"是人类的行为特点。两类回应的区别是，坚持抗争的实验组仍然相信自己可以影响现状，当其他人选择放弃时，他们能够保持乐观的态度，希望通过努力改变环境。信念的力量让他们渡过难关、战胜挑战。

归因模式和诠释模式

对效果和后果持有的积极想法和消极想法会影响你对已发生之事的解释。对过去的解释会产生情感投射和关于未来会发生何事的期望。对过去或当前事件的消极解释会让我们悲观地面对未来。

在编写生活故事时，我们可以用乐观或悲观的语气表达这些"闲言碎语"，马丁·塞利格曼称之为"归因模式或诠释模式"。归因模式有关你的信念，诠释模式有关你如何谈论自我信念。你能改变这两者。

　　感知和解释境况和事件对我们的感受至关重要（见图 6-1）。我们的感受影响我们能否清晰地思考和影响周围的环境。感觉决定行动，采用消极、悲观的解释方式的人，不如采用积极、乐观的解释方式的人表现好。感觉依赖信念，因此，表现力取决于我们选择相信什么。

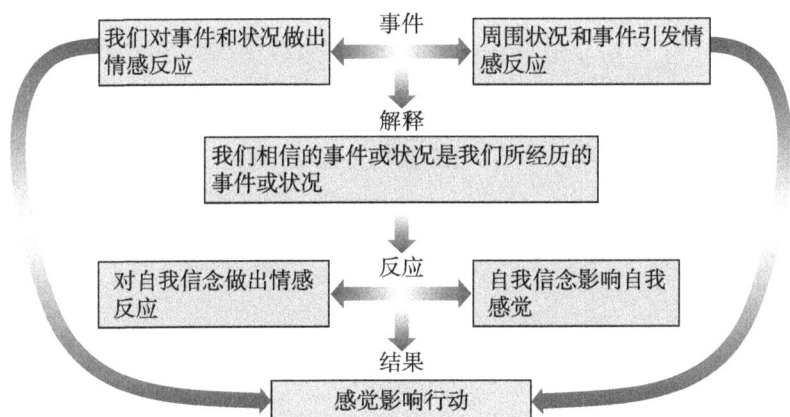

图 6-1　解释和信念如何改变我们的感觉和反应

　　许多治疗项目都关注信念。其中，较完善的是认知行为疗法（CBT）。塞利格曼还开发出了一项基于早期 CBT 的项目——宾夕法尼亚大学乐观计划（Penn Optimism Program），其成效显著，在培养孩子更好地解决问题，变得更积极，从而不易产生抑郁情绪方面表现得尤为突出。塞利格曼将"如何讨论自我信念"称为"诠释模式"。

　　你的诠释模式是什么？你从"闲言碎语"中听到了什么？作为教练，我觉得帮客户留意这些"闲言碎语"是有帮助的——

可以让某种（如来自一只精灵或一只鹦鹉的）声音拥有独立的个性。人们甚至发现画出现实的精灵模样也很管用。我们在具体情况下利用具体经验，你会发现自己不止拥有一只"精灵"。关键是锻炼自己倾听内心的声音，留意陪伴你成长的故事；然后，你会适当地驯服"精灵"。

"精灵"会选择三种消极或悲观的方式对你说话。

（1）永久性："总是"和"永远不会"。例如，太阳永远不会照到我，他总是令我失望。

（2）广泛性（普遍性）："所有""每个人""每件事"。例如，所有减肥餐都没用，所有人都会考虑不周。

（3）个人化：从内在出发，强调"我"。例如，我不好，这是我的错。

■ ■ **示例** ■ ■

你的消极"精灵"可能相信什么？如何乐观地解释一件坏事？

表 6-1　消极解释与积极解释的对比

坏事	消极解释（悲观）	积极解释（乐观）
朋友取消了午餐约定	• 人们总爱爽约 • 提前约午餐没用 • 她不喜欢我，因为我惹人烦	• 她今天真的很忙 • 忙碌时，吃一顿午餐不易 • 她经常爽约

我们如何掌控消极"精灵"呢？塞利格曼提出了"ABCDE模式"。

- A（Adversity）：困境。
- B（Beliefs）：信念。
- C（Consequence Mood Change）：此后的情绪变化。
- D（Disputation）：辩驳。
- E（Energisation）：激发。

基于以上示例，"ABC"分别代表：

- 困境：我的朋友爽约了；
- 信念：她不喜欢我，我深深感到我惹人烦；
- 此后的情绪变化：现在我没有之前那么快乐了。

重点是留意哪种信念会影响你的情绪。信念一经确定，就要接受真实性的检验。什么现象能证明这种信念的存在？接下来你会对这种信念作何反应？

"D"代表辩驳。在这个假设中，辩驳包括：

- 她经常爽约；
- 她从不爽约；
- 我们经常见面；
- 安排约会时，她说她很忙；
- 我们做朋友已经好几年了；
- 我对她不够了解，所以无法评判。

每种可能性都会改变你对事件的解释，进而改变你的情绪。如果结果符合你的预期，你就会更积极地看待此事。

以下两种方法可以帮助你检验信念：（1）关于逆境。这种信念基于事实吗？这是对现象的唯一解释吗？（2）此后的情绪变化。情绪反应与信念不符？如果事实如此，该信念可能只是冰山一角，表面之下藏匿着更有力的信念。该核心信念可能代表了一种核心价值，它是你最重视之事的基本组成部分（详见第四章和第七章）。

重点是要理解你对事件的解释如何影响你对该事的感觉，因为它能让你明白你如何应对、管理突发事件。当你积极地看待世界时，你就会对事物发挥影响力。

每种信念会产生不同的情感反应。"精灵"可以变得强大。在《适应力因素》（*The Resilience Factor*）中，卡伦·莱维奇（Karen Reivich）和安德鲁·夏提（Andrew Shatte）称这些强势的"精灵"为"冰山信念"，因为表面反应之下隐藏着一个更大、更深的信念。当你的反应与事件或状况不相符时，你明白自己撞到了冰山。冰山通常指一种信念，它与深层需求或坚实的价值观有关。

建立乐观的诠释模式

让我们看一看以下陈述（见表 6-2）。

表 6-2　不同陈述方式的对比

	永久式陈述	临时式陈述
1. 永久性	• 这里的天气总是不好 • 我永远找不到工作 • 我的妻子很优秀 • 我是优秀的厨师	• 今天这里的天气不好 • 我没有得到那份工作是因为我迟到了 • 今天我过得很好 • 今晚我做了一份美味的晚餐

（续表）

	普遍式陈述	具体式陈述
2. 广泛性	• 我不好 • 她长得漂亮	• 我不擅长写作 • 她穿那条连衣裙很好看
	内在式陈述	外在式陈述
3. 个人化	• 我惹人烦 • 这件事因我而起	• 你没有幽默感 • 我很幸运

上述例子包含积极陈述和消极陈述。积极陈述是指我们用积极的方式（临时式、具体式、外在式）解释某件事；而消极陈述是指我们用消极的方式（永久式、普遍式、内在式）解释某件事。

我们再看一看对"坏事"的积极和消极解释，与对"好事"的积极和消极解释做比较（见表 6-3）。

表 6-3　对坏事和好事的消极解释和积极解释

	消极解释（悲观）	积极解释（乐观）
坏事 朋友取消了午餐约定	• 人们总爱爽约 • 提前约午餐没用 • 她不喜欢我，因为我惹人烦	• 她今天一定很忙 • 忙碌时，吃一顿午餐不易 • 她不可靠
好事 朋友邀请你参加聚会	• 我受到邀请，因为她要过生日了 • 这个聚会听上去不错 • 真令人惊喜	• 我经常收到聚会邀请 • 一般来说，聚会都很棒 • 我很受欢迎

我们得到的结论是：实事求是地看待坏事，多想好事。

● 当你用普遍式、永久式或内在式的方式解释坏事时，就是在用悲观的诠释模式进行思考。

- 当你用普遍式、永久式或内在式的方式解释好事时，就是在用乐观的诠释模式进行思考。

在两种情况下，普遍式、永久式陈述不及具体式、临时式陈述那般实事求是。请留意，当发生好事时，乐观者通常会用永久式、普遍式或个人化视角看待它们；而悲观者会认为好事是临时发生的或由外部因素导致的具体事件。当坏事发生时，乐观者认为它们是临时发生的个别事件；而悲观者则视之为永久或普遍存在的事。

留意你的以下几种诠释模式：

- 当你采用持续式或永久式诠释模式时；
- 当你采用广泛式或普遍式诠释模式时；
- 当你对遇到的好事采用过分具体、特殊或确切的诠释模式时；
- 当你相信命运或运气，而不是相信自己的能力或努力时。

我们只需要适当地"转动门把"，减少悲观的待事方法，强化积极向上的观念。

洞见　在某件事影响我们对某事的反应前，我们究竟能在多大程度上变得消极，情绪变得压抑？虽然相关研究对此尚未达成统一结论，但有足够多的研究确定了一个基本事实，即积极或消极的想法影响情绪的螺旋式上升或下降。

乐观的力量

多数积极心理学家赞同，我们对未来的期望会影响结果。对积极地感知和解释突发状况和事件并在其中发挥作用是很重要的。乐观者确实会比悲观者能更好地应对困境！乐观态度能改善境况，减少悲观想法能改善健康状况和提高解决问题的能力。

对心理福祉的研究表明，保持乐观态度可以：

- 减少生气；
- 降低孤独感，在年老时拥有较强的控制感；
- 减少日常麻烦，缓解压力；
- 缓解抑郁（如产后抑郁症患者、癌症患者以及阿尔茨海默症患者的看护者）；
- 调节自身以适应新环境；
- 在截肢后减少患抑郁症的可能性；
- 变得更有自尊；
- 在遭遇恐怖袭击后还能控制恐惧和焦虑情绪。

乐观者看起来能更好地应对问题，他们的心态更积极，能鼓励自己从疾病和逆境中走出来。

乐观还能积极影响以下几种能力：

- 培养适应力，积极面对未来；
- 从或大或小的事情中成长；
- 创造机会；

- 拥有更融洽的人际关系；
- 调整优先级，制定更适当的目标。

乐观，不是悲观的对立面。消极想法的减少，不代表积极想法一定会增加；反之，我们增加乐观想法的同时，悲观想法并不会随之减少。所以我们应该采取"两面"技巧：既要减少悲观想法，也要变得更加乐观。

洞见　心理学家卡弗（Carver）和席瑞尔（Schreier）将积极思维视为一种性情。经过数年的研究，他们发现习惯从好的方面看问题是优点，而态度越悲观，就越可能遭遇疾病的袭击，也更容易感到郁闷和孤独。

四种乐观应对机制

1. 解决问题

克服困境或应对挑战要求我们能够评估现状，找到不同的解决方案。较好地应对现状涉及两种能力——问题解决能力和压力管理能力。正如第四章所述，能够解决问题是一种重要的应对策略，所有能帮你解决问题的因素都会培养你的应对技能。乐观地解释你面临的状况能让你更有效地解决问题。乐观者，像之前例子中提到的老鼠那样，能想象积极的结果，或者相信其能影响自身所处的境况。他们不断看到可能性并加以利用，而不是"自我保护"或仅仅接受消极的解释。坚持这么做的人会承受较小的压力，消极情绪会变少。在第三章和第四章，我们看到积极情绪对认知的影响。思考能让我们想象出更多、更佳的方案；掌握促进积极情绪的方法能帮助你更好地思考，在积极思考时你的想象力会更丰富。正向反馈圈由此被激活了。

洞见　**积极的悲观主义**

在应对逆境和压力时，"不现实的"乐观是不健康的。当你发现状况中坏的一面时，你很有可能采用防御型悲观情绪去管理困难和挑战。实际上，这激发了更加积极的思考模式，这种处理方式有助于你识别"绝境"以便预测事态的发展并制定相应的策略。如果片面地引导人们积极地看待问题，那这么想的人反而不及预期中表现得好。防御型悲观是解决问题的一种方式，需要人们思考如何细致地做评估和应对焦虑。只要你认为自己需要去解决问题而非屈从，这就是一个有效的应对机制。

2. 他人的支持

乐观者更可能寻求他人的支持和建议，这样做能强化情感功能，减少"可能采用过分乐观或不现实的反应和策略"的风险。向朋友和家人求助还能给良好的计划和情感的自我管理提供支持和鼓励。而悲观者更可能回避他人的帮助。

3. 直面问题

乐观者不会主动拒绝接受现实，实际上他们比悲观者更现

实，这是乐观行为另一个重要因素——参与。乐观者直面生活中
遇到的问题而非敬而远之，并且将它们看作有待克服的挑战，而
非需要避免的问题。请记住，健康的乐观者在处理不利境况时既
现实又乐观。他们在面对问题时，更容易理性、积极地思考如何
做出反应，因为事实尚待检验。为了做到这一点，我们要锻炼
建设性思维：学会更好地思考以便在理性地评估状况时培养积极
思维。

4. 发现好处

乐观者更可能发现事情好的一面。事情进展不顺时这样看待
问题是比较理想的。有两种方法：（1）想象"绝境"，将其与现
实事件做比较以便更积极地看待事情；（2）主动发现并专注于某
件事或状况的积极方面。二者都是良好的应对策略。从不利事件
的后果中发现益处，既可以支持长远看待事物的方式，又能支持
未来较好地处理问题的能力。发现好处能帮人们摆脱困境，无论
短期缓解还是积极迈向长期过程。明白你正在经历的事并从中受
益，能帮助你实现人生的宏伟目标。

练习

想一想你正在处理的某个问题或困难。

- 目前，你在应对困境时能发现其中的有利方面吗？
- 这种状况为你带来的益处是什么（试举一例）？
- 如何更积极地看待事物？

乐观者更能接受现实，或许因为他们更相信自己能够影响环境，有更积极的情感，能更好地解决问题。乐观者能够积极地看待事物，善于寻求他人支持，能够在状况中发现意义，并且做好学习的准备；悲观者往往倾向于逃避现实，他们更可能掩藏情感，采取回避策略。

情感应对策略

当事情逐渐变难时，我们的情感压力会增大，能在逆境中控制情感的人会进步得更快。

适应型防御机制

适应型防御机制是指那些我们遇到压力时用来控制情感的行为。心理学家乔治·瓦里恩特（George Valliant）建议我们采用下列五种机制。

1. 压抑

你能暂时搁置情感问题直到你适当地放松情绪吗？长期压抑情感对你没有好处，保持冷静（例如当别人失去理智时你还能头脑清醒）是一种重要的应对技能。你可以尝试练习一些小技巧，例如深呼吸、在发言之前组织语言并注意你的姿势。如果你表现出咄咄逼人或沮丧的姿态，那你就很难压抑不良情绪。你需要练习并调整肢体和肌肉直到感觉舒适为止。

2. 预期

你擅长预料状况并为之做好准备吗？你需要在事情发生之前尽量考虑周全。预料事态并减少不良后果的出现是一种常识：做最坏的打算，更重要的是要预料好事的到来并为之做好准备。心胸开阔，运用成长型思维模式能帮你在逆境中预料事态、寻找机遇、未雨绸缪。

3. 利他行为

无论从哪个层面看，这都是一种经典的应对策略。你能搁置自己的担忧和麻烦去帮助他人吗？试着习惯为自己留出一些时间（将考虑他人需求看作应对情感问题的策略，这样做会奏效，但是你得小心，别对他人"有求必应"）。

4. 幽默

幽默是一种减轻压力的有效方式，它还能支持其他应对压力的策略，它是让面对困难的过程变得轻松的关键策略。研究表明，幽默有助于缓解压力，帮人们从疾病中康复。作为一种良好的应对策略，体现幽默感的大笑能促进身体健康，在大笑时你能获得正能量。此外，幽默能让你周全地考虑问题。

5. 升华作用

你能将情感转移到更能被社会接受的事情中吗？当你情绪高涨时，你能在活跃的潜意识活动中将它表达出来吗？尝试用极大的热情投入艺术活动或有趣的事情中。

洞见　　幽默具有多面性。它可以是敌意的，也可以是友善的。许多喜剧演员会受抑郁症的困扰。男性和女性的幽默方式也不尽相同，男性更可能用幽默来疏远彼此的关系，而女性经常用幽默来维持友谊。

练习

回想你上一次承受压力的情形（若你还记得），回答以下问题。

- 你运用适应型防御机制了吗？
- 幽默策略对你有帮助吗？
- 你关注自己的问题还是他人的问题？
- 你是否预料到某件事会变得更好？
- 你是否很好地处理了这种状况？

适应与重新架构

重新架构是另一种改变我们看待事物方式的方法。以健康的方式应对逆境不仅依赖于你如何发现事物的意义，还包括适应已经发生的事并包容它，而不是试图遮掩。当我们接受状况的改变或逆境时，我们就能承受它们。事件或状况必须与我们自身的境况相符，我们容易承受小事和小挫折，如果接下来不那么容易继续走下去，问题就会出现。死亡、重病、失去财富，甚至国家的损失等，任何创伤过后，我们的身份认同和自我意识（有关"我是谁""我在做什么"）都会发生显著的变化，我们需要适应这种事态的变化。拥有成长型思维模式而非固定思维模式，是我们适应环境并从意义重大的事件中获得成长的重要因素之一。

适应困境的能力，好比把一件不再合身的衬衣当作精美的布艺手工材料。衬衣还在，但它已经不再发挥衬衣的用处了，丢掉又觉可惜。所以，与其强迫它发挥原本的作用还不如改变它，让其继续发挥价值。一方面，当生活打击、考验我们的时候，它改变了我们及我们的处境，我们最好去适应改变、重塑自我，而不是继续当作什么事也没发生。例如，接受失去双腿的事实会让你渴望继续活动，哪怕坐轮椅会产生不便，情况也照旧。另一方面，适应变化能让你拥有新的生活方式——考虑自己地位的改变，通过塑造最好的自己成为全新的人。

创伤后成长

在困境或创伤事件发生后你可能会获得成长。从不幸中成长是好莱坞编剧笔下的主打剧情；在苦痛中变得更好，是宗教和哲学的训导，也是文学著作的核心要义。这种潜力体现了人类最有影响力的现实状况。在遭遇创伤和逆境后，心理会发生巨大的变化，这种效应在"创伤后成长"的标题下经过多年的衡量和检验最终获得认同。

1996 年，术语"创伤后成长"首次被心理学家戴斯奇（Tedeschi）和卡洛恩（Caloun）使用，此概念被应用于他们历年的心理学研究。

如果有人表示自己经历了如下积极变化，其心理变化便可被视为"创伤后成长"。

- 人际关系得到改善
- 生活获得新的希望
- 更感激生活
- 更强烈地意识到个人优势和精神发展

洞见	个人损失有助于：
	● 促进性格发展；
	● 拓宽视野；
	● 让人际关系更融洽。

坏事变好事——这个过程产生了悖论。

- 人们发现自身优势和能力时看到了自身的缺点和脆弱。
- 人们直接感受他人身上最好和最坏的方面，发现对方真实的样子。
- 需要向对方讲述事件时，人们了解亲密关系的作用及谈话对象，分享故事时会更有同情心。
- 人们了解什么才是真正重要的，对小事会加倍感激。
- 人们表示他们检验了生活意义，找到了更多可依赖的精神支柱。

上述内容具有启发性，而创伤后成长依赖于许多因素，无法立刻实现。这类事情反复发生，有些事情带来的遭遇和痛苦值得我们深思，本书无法事无巨细地加以分析。有趣的是，写下这些事通常比单纯应对事实和情感反应更有效。值得注意的是，罗马大帝马尔库斯·奥里利乌斯曾谈到他让士兵在战斗后写下对战斗的体验并彼此分享。

心理学家詹姆斯·彭尼贝克（James Pennebaker）的研究显示，记录创伤能为个体创造机会去理解和发现创伤的意义。他让被试每天花 15 分钟记录并思考其遇到的困难或创伤事件。一年后，那些坚持记录并思考的人，比没有记录的控制组更健康，也比那些只记录却未发现其意义或没有想法的人更健康。由此可见，只记录还不够，思考并发现其中的意义更重要。

练习

练习詹姆斯·彭尼贝克的写作教程

"在接下来的四天，我希望你们写下对生活创伤体验的最深刻的想法和感触，我希望你们真正做到畅所欲言，探索最深层的情感和思想。你们可能会联想到自己与他人的关系，包括父母、爱人、朋友或亲属。你们可能会从过去、现在及未来寻找个人经历，或在自己曾经、现在和未来的状态中寻找写作思路。每天你可能会写千篇一律的事或经历，或者每天写一种不同的创伤体验。你们的所有记录将完全保密。"

别担心你写的内容，包括拼写或语法，让思路在纸上自由驰骋。你写的所有内容只给你自己看，尽量不要夸夸其谈。

表达所有体验的需求

在允许表达所有思考过程和情感的环境下，人们才可能获得康复和成长，这种社会或文化环境对认同各类感情、想法和经历不加限制。你的想法只有被听到和被理解，你才能轻松地解决先前无法解决的问题，而这不能促进适应和改变的过程，认识到这一点很重要。与拥有类似体验的人一同成长，在某种程度上，你可以鼓励他人成长。

心理一致感

了解对我们真正重要的事以便让生活目标更明确，是获得较强心理一致感的前提，其他一切都应该适应这一背景。当我们知道自己为何而活时，所有无谓的混乱将被一扫而空。有时，我们的生活就像杂乱的口袋。心理学家阿伦·安塔诺瓦斯基（Aaron Antanovsky）认为，心理一致感可以提升生活满足感。在一致感的影响下，生活更具一致性、更有意义、更加便于管理。在逆境中，琐碎、无意义的活动消失了，心理一致感由此得到提升。

■ ■ 示例 ■ ■

某位朋友数年来一直照顾身患严重残疾的女儿，之后其将此事发展成一项慈善事业。这位朋友的悲惨经历和遭遇现在成为其最大的优势——通过努力满足他人的需求，这项义举令人振奋，也充满挑战。几年前，她还无法想象自己能如此勇敢。所有琐碎的生活片段退居其次，她有了更清晰的目标，她的所作所为被纳入了这个目标。她找到了活下去的理由，该理由来自痛苦的经历。

一个人知道自己为何而活，就能忍受几乎任何一种生活方式。

——弗里德里奇·尼采（Friedrich Nietzsche）

许多人应对的困难远不止一种。当逆境累积到一定程度就会导致贫穷、虐待或（一方）监护人缺失，对于青少年来说，逆境（风险）越多，青少年的智商就可能越低。

心理学家阿诺德·塞默罗夫（Arnold Sameroff）在研究中发现，零逆境（无风险）下的平均 IQ 值为 119，1 项风险因素下的 IQ 值为 116，2 项的 IQ 值为 113，4 项的 IQ 值跌至 93，8 项风险因素下的 IQ 值仅为 85。多数儿童在一种或两种逆境或风险因素下还能正常发展，数字越大，IQ 值造成的影响越大。

倘若失去认知能力，我们就会失去重获希望和适应力的关键能力。正如我们所看到的，我们希望发挥情感的作用去解决问题并对这些问题进行周密的思考。本章一开始提醒人们关注积极影响的重要性，感受积极情绪是我们积累资源的关键因素。请记住，第三章提到了积极性的临界点，它能向相反方向拨动表盘。经研究确认"有益品质／条件"具有集聚效应，此处的"有益品质"包括本书提及的所有内容。

关于青少年的适应力，阿诺德·塞默罗夫是这样说的：

在拥有 31～40 种有益品质的孩子中，只有 6% 表现出暴力行为。该比例在"21～30"档中是 16%，在"11～20"档中是 35%，而在"0～10"档的比例高达 61%。这不是关于个体所拥有的有益品质的类型，而是关于有益品质的数量。

小结

本章向你介绍了信念如何影响你对事件的反应，以及为何拥有乐观的价值观有助于你更好地应对麻烦、增强适应力。

- 我鼓励你检验自我信念，思考如何树立更乐观的生活方式。

- 你已经知道了自己采用的是哪种诠释模式，当不利情况发生时，用具体式、临时式和外在式的视角来看待坏事有助于你更好地应对问题。

- 我介绍了 ABCD 模式，帮你检验和理解了诠释模式，以便你更积极地解释事物。

- 我介绍了四种乐观应对机制：

  （1）解决问题（回顾第四章）；

  （2）依靠他人的支持，分享你的问题；

  （3）直面问题，参与问题的解决；

  （4）在逆境中受益。

- 下列五种机制让我们了解了五种情感处理方式：

  （1）压抑；

  （2）预期；

  （3）利他行为；

  （4）幽默；

  （5）升华作用。

- 我们已经检验了为何适应逆境是有益的，为何写下并发现意义有助于人们从创伤中康复。

- 本章将你的注意力从应对问题的小技巧转向处理生活创伤的策略。发展并加强对你有益的策略至关重要。本书阐述了可以让你变得更有适应力的有益品质，无论情况如何都能帮助你获得发展。

树立"我能做到"的积极人生观是理想的起点。第七章我将讨论为什么要这么做，即你的人生目标是什么。

第七章
目标感：持续幸福来自有意义、有目标的生活

生活目标是过有目标的生活。

生 活目标是过有目标的生活。

——**罗伯特·伯恩**〔Rober Byrne〕

本章会带你发现你真正珍惜的事，它们会让你的生活有意义、有目标。

生活为何要有意义和目标

我们不需要积极心理学家告诉我们，幸福生活不仅包括短暂的良好感觉和做自己喜欢的事。我们不能只是无拘无束地追求快乐。让我们最开心的事可能是，我们付出努力去做的和为了之后能获得奖赏而选择去做的事。

请记住经历都具有讽刺性，因为我们会很快适应，产生"享乐适应"效应。迅速适应有利有弊。当你得到了你曾经期待获得的东西，起初它们让你开心，而不久你就会习以为常。快乐不能持续，适应后你会期望得到更多东西。新衣服、新车、新厨房，甚至新工作或新伴侣——它们曾是你想要的一切——现在却变得平凡无奇；同样，你会适应不利的境况——你能忍受甚至不再关心起初感到痛苦的事。

持续的快乐来自有意义、有目标的生活，而不是满足短暂的欲望去体验喜悦和满足。明白什么有意义，或至少制定一个小目标，会让你满意，活得多姿多彩。那些能让生活有意义的事情往往近在眼前。对幸福感积极地干预在某种程度上能鼓励你以新的或传统的视角重新审视生活，提醒自己关注自身优点、克服自负心态。

研究人员反复地将积极健康的益处与发现生活意义联系起来。赋予事物意义的好处如下：

- 让我们从不幸中感到幸运；
- 改善心理福祉；
- 增强自我价值；
- 能为人生设定目标，让生活保持一致性；
- 增强免疫力。

人生意义让你明白为何要做某事。明白生活意义有助于你面对困难、克服挑战。你的人生意义限定了你的生活角色，让"你是谁"和"你在做什么"变得重要。

一场战争的幸存者维克多·弗兰克尔（Victor Frankl）在他的著作《活出生命的意义》（Man's Search for Living）中强调：生

活缺乏意义，厌倦生活会令人悲伤，还会引发更多心理问题。

了解你的价值观，在它的指引下生活会赋予你所做的事意义和目标。过有目标的生活需要你找到生活方向。一方面，你知道你在走什么路，（同样重要的是）你明白你是谁，你走的道路决定你是谁，当这条路比目的地更重要时，生活会充满生机、令人激动；另一方面，你知道自己前进的方向以及选择这个方向的原因。你选择的道路与你的目标和工作没多大的关系，而是密切关乎你生活过程的品质——你的目的和独特的贡献。

你的路是什么？路途中你用心了吗？只是朝着目标一路狂奔以确定何时到达目的地是没有意义的，这是一条错误的路。如何找到自己的道路和目标呢？你并非总能轻易知道自己的明确目标。本章将帮助你理解你真正珍惜的是什么，以及你为何会珍惜它们，这样你的生活就更有意义和目标感了。

洞见　　有生活目标的人更长寿，更可能长期拥有心理福祉。通过长期研究，心理学家阿伦·布克曼（Aron Buchman）发现生活的某个积极方面能降低阿尔茨海默症的患病风险。在"生活目标项"得分较高的人患阿尔茨海默症的概率比那些达到平均分的人低 2.4 倍，"生活目标"是唯一产生显著效果的因素。

如何寻找意义

你关注如何发挥自身优势做那些有机会进入心流且产生内在动机的事情。你挑战自己的思维模式，寻找（已被克服的）挑战的意义，思考如何能较多地享受日常生活中的乐趣。你可能会更积极，满怀希望和感恩之心。你如何发现这种神奇的东西呢（某种社会角色，它不仅有关你自身，还具有更深层的意义和目标，所以你想去扮演它）？你的价值观和你感觉最重要的事是你在寻找生活目标时首先要考虑的因素。价值观是指我们按照优先级为自己的需求排序，靠前的是你更看重的。需求普遍存在，如何排序是因人而异的。我们都看重爱、家庭、忠诚、信任、善良、乐趣或安全感；我们距离大众认可的价值观越近，活得就越真实。本书结尾部分列出了 300 多种价值观，值得我们花时间实践，从中发现自身优势和特定目标。

小贴士

- 按照他人的价值观生活，不如按照你自己的价值观生活。
- 感觉良好与感到满足是不同的。
- 如果你被迫去"做好事""好好地生活"，那这些就不算真正的好事。

洞见　研究表明，当生活目标与我们的价值观保持一致时，我们能积极地影响幸福感，尤其是当这种价值观是从内心真实表达出来时。内在的、自主的和以成就为导向的价值观（如创新、改变、兴奋、自我表达或热情）能更加积极地影响幸福感。一些外在的价值观（如传统、秩序或稳定性）会产生消极影响。然而，福祉不仅来自内在，科学地讲，我们从外在需求和内在的自我表达中都能感受福祉。

　　了解你的人生目标，让生活产生独特的意义，这是一个内在过程。回想你的生活，看看哪些方面让你感觉最有意义，最令你满意：

- 与家人和朋友在一起；
- 投入事业；
- 享受爱好和娱乐活动；
- 走上生活正轨，收支平衡，付得起账单；
- 保持健康，坚持锻炼，胃口好，定期看牙医；
- 与伴侣度过幸福时光；
- 享受家庭氛围或去户外接触自然；
- 融入较大的社区，成为志愿者，参与政治活动；
- 享受精神生活。

　　你的人生目标在不同的生活领域有怎样的表现？请评分（分值 1 ~ 10 分）。

　　研究表明，人生意义有多种来源，我们的价值观和需求会随着我们的变化而改变，我们对各个生活领域的价值观也不尽相同。因此，我们需要从多个方面真实地思考问题。拥有目标感的人更容易有效地融入生活，与生活的步调保持一致。

　　花时间回顾第四章所列的顶级优势列表，你的顶级优势是表达价值观。从这张表中思考你真正珍惜什么以及什么是你不可或缺的品质和特征？什么对你如此重要以至于你必须拥有它们？修改、扩展原先的列表，让它包含 20 种价值观并按照重要级排序。参见附录的价值观列表，了解哪些可以不予考虑。确定列表内容之后请为价值观在生活中的表现程度评分，分值 1 ~ 10 分。

参照你的列表，问自己下列问题：

● 列表中有多少事是别人让你重视的？

● 有多少事是你自己觉得应该珍惜的？

● 一提到就会让你感到不适，于是你停止去做的事有哪些？

通过本章后面的练习和问题，你还能分析出对你重要的事、让你珍惜的事有哪些。

洞见 　年轻时我们通常遵照父母的价值观生活，许多人很多年来一直过着别人为他们安排的生活。经历会创造需求。如果生活在一个令人害怕的环境中，你会觉得安全感最重要。发现生活目标需要你辨别情感需求，这些需求是过去经验的结果，而这些结果又来自那些能让你发挥潜力并让你所做的事富有意义的需求。父母教育我们要树立的某些价值观（它们成了我们的一部分）可能不再适用，毕竟我们与父母拥有的价值观不同。价值观按照优先级对我们的需求排序，它会让我们明白做某事的原因，价值观具有文化、语言上的意义和重要性。

价值观促成社会文化身份认同

价值观通过社会逐渐施加于个人身上，成为社会标准的一部分。当人们通过价值观渐渐获得身份认同时，价值观自身就成了一种文化。心理学家奥利弗·詹姆斯（Oliver James）在《富贵病》（Affluenza）一书中谈到这一点，该书探讨为何人们在富裕的生活中仍然会感到不幸福。如果价值观只反映我们自认为应当珍惜的，我们将无法获得发展。

我们继承价值结构的一部分

词语包含意义，而真正对我们有意义的是生活中的"为什么"（原因）。"意义"是指我们为何关心某事。

- 商业价值观提高绩效、能力与成就、创新性、生产率和卓越性。
- 西方自由主义价值观较多地关注自由表达、个人主义和社会公平。
- 一些国家的文化更看重慷慨和友好，另一些国家更看重自律和尊重。
- 虚无主义者不屑于拥有某种价值观。
- 家庭将诚实、成就、独立或信任视为核心价值观。权威型家长在一定程度上灌输秩序与安全需求，在这种环境下的孩子要么叛逆、爱惹祸和爱冒险，要么遵从、接受这种既定的价值观。

价值本身无对错之分，了解价值观从何而来更重要。

练习

回答下列问题，看看它们对你有多大的意义。

- 写下陪伴你成长的价值观和需求。
- 父母最看重的价值观是什么？
- 学校培养你形成什么样的道德观和行为准则？
- 在工作中你看重什么？
- 工作、大学和合作伙伴的哪些方面对你最重要？
- 哪些宗教价值观最重要（如果你有宗教信仰）？
- 哪些价值观在你的政治观点中占据核心地位？

哪些答案是重要的？你想放弃那些不再适用或可能妨碍你更好地生活的事情吗？这些回答如何与你的"十大"价值观相匹配？

这些问题涉及的价值观是你所熟悉的。如果你觉得回答某些问题比较困难，或者在回答时产生了某些灵感，请用这些回答来检查你的价值观列表。

发现自己的需求和价值观只是开始

只要在文化和社会各层面发现"你是谁"，就能找到独特的人生目标。现在，请你回答下列问题。

- 如果你有一个心愿，那会是什么？
- 你希望他人做什么？
- 你会为街上偶遇的陌生人送去什么祝福？

- 你在童年时期玩过什么游戏？那时你爱玩什么？

- 其他人觉得你爱什么？

- 你觉得自己爱什么？

- 他人曾向你寻求过什么帮助？

- 你为何要坚持做某事？

- 他人能以何种最坏的方式对待你？

- 你以何种方式崇拜某人？

- 你经常要回应何种需求？

- 你最关心世上的哪种疾苦？

- 你曾应变自如或意外攀上人生高峰吗？

- 你能否想起某段时间、某个时刻——当时人人指望你，而你做的事看似平淡无奇？写下当时你在做什么、你在哪、你的生活背景和环境有何特点。所有影响因素都会促进你的发展。

- 你还记得重要的心流或巅峰体验吗？写下事情发生的地点和时间，以及当时你做了些什么。

练习

试着思考下列情形。

找一个安静时刻，放松、闭上双眼，想象你已经 102 岁了，你要参加一场为你准备的庆生宴。许多人都在场，你有机会站起来发言。你一开口就产生了巨大的影响。在某种程度上，你所说的话甚至可以改变他人。

然后，请你回答以下问题。

- 你的哪些方面被他人所爱？
- 他们赞美你什么？
- 你发挥了什么影响？

现在，你获得了许多重要信息。

- 你作答时大脑反复出现过某种想法吗？
- 什么让你惊喜？
- 什么答案激发了你的情感反应？

练习

史蒂文·帕里夫娜（Steve Pavlina）提出了发现人生目标的有趣方法。你值得花 30~60 分钟完成这个练习。

我知道有人信任这个"游戏"并有了很棒的体验。

拿出一张白纸或打开电脑，在最上面写下"我真正的人生目标是什么？"，然后开始写你记得的事直到写不下去为止。在写的过程中，注意记下让你情绪激动的时刻以便以后回忆。建议你为每个陈述标上数字，准备写 100 条，有必要的话还可以多写几条。思路受阻时不妨休息两分钟，看一看之前写的内容。祝你好运！

创立宗旨

成功的商人知道他们做什么，为谁而做，其宗旨凝聚着他们的道德观，在生产或服务的各个层面展现独特性。他们可以基于该原则预测公司的品牌意识，当品牌践行诺言时，客户和员工会信任产品，体会到他们与产品有密切的联系。

你创立宗旨了吗？你创立的宗旨与你的生活相符吗？

真正的目标与宗旨类似，任何有关"爱""家庭"和"仁慈"的传统表述不能成为宗旨。宗旨必须与你产生特定的共鸣——能概括你的一切，让你在听到、感到它时能充满活力。仔细考量你对问题和练习的回应：你能否发现宗旨？你为什么要满足这个要求？将至少五种价值观纳入某个代表你特定"原因"的情境中。你无须立刻找到完美的宗旨。请记住，拥有成长型思维模式的人乐于学习并充满好奇心。发挥优势，留意轻松、愉快地感受自身情感的时刻。

如果你觉得这个练习很难，不妨留意本书其他练习是否是你想尝试的。

选择符合你价值观的生活方式

生活在一个与对你最重要的事保持一致的环境下会影响你的整体生活满意度。当工作和生活环境与你所关心和重视的事完全不符时，你自然不会感到幸福！选择符合你价值观的生活方式才是步入真实生活的起点。

洞见　　研究表明，当个人价值观与关注相同价值观的环境相符时，我们会感到更幸福，对生活更满意。

持"仁爱""循规"和"关怀"价值观的人，比那些强调"权力"和"自我表达"需求的人更幸福。

如果生活与你看重的一切不符，你会怎么做？你能将个人目标和意义融入日常生活中吗？例如，当你注意到自己的价值与天性相关，并希望尽职尽责地成为团队的一员（或许你的优点是忠诚和善良），那么你真正的人生目标可能是教导世人欣赏自然美，保护那些无法保护自己的人并希望看到别人快乐。你正在为生存而努力工作，如果能利用业余时间参加户外活动，在日常交往中享受乐趣、欢笑和感受关怀，你依旧能够实现人生目标。

小贴士

如果你无法改变自身境况，那么你可以为自己正在做的事赋予新的意义。在附加新的意义后，所有活动都会变得有意义。你可以在平凡的日常活动中或所有生活方面确定人生目标。

影响

如何让生活有意义、有方向？

- 发挥自身优势。
- 找到原因——为什么你做的事会在你的人生中发挥作用？
- 用第三人称书写你的人生。
- 回想一件让你相信的事。
- 留意你的生活方式。
- 从愧疚、悲伤和痛苦中找到成长和改进的机会。

终极目的

哲学家热衷于讨论"终极目的"。拥有终极目的不仅指我们根据目标方向发展技能，还指这些技能在相同的目标方向上与我们的性格发展完全吻合。拥有终极目的既依赖于良好的品格和社会荣誉感，也依赖于专业知识和职业能力。终极目的描述社会和专业领域中的个体发展。终极目的是品格和技能的结合，人们的专业知识和个人品质构成了"我是谁"。今天，我们谈论更多的是拥有使命——天职。"天职"这个词代表了使命。你的使命是什么？

金钱与名望

如果你最看重的是金钱和名望，这会怎样？如果你认为金钱最重要，那么你需要思考这是为什么。金钱能让你买到什么？你在寻找什么？是安全感、快乐、认同、和平还是物品？如果是物品，它们对你有何意义？你为什么需要它们？得到它们后你会做什么？你得到了这些会成为怎样的人？你的回答包含了你真正重视的方面。

看重金钱是重要的，但金钱的价值远远不止人们对金钱本身的渴望。赚多少钱不是最重要的，我们喜欢将钱花在我们珍惜的事情上。

如何花钱反映出：

- 我们的时间观念；
- 我们的思考方式；
- 我们珍惜何事；
- 我们真正关心何事。

当你理解什么事情对你真正有价值时，你就不会投入短期的幸福冲动了。

A 问题：若你渴望富有，赚更多的钱会为你带来什么？ B 问题：对 A 问题的回答会为你带来什么？ C 问题：对 B 问题的回答会为你带来什么？ 依次这样问下去，直到你找到真正想获得的东西。

然后，我们回到之前的列表，看一看你是否将钱花在了你所重视的事情上，以及你是否在用有价值的方式花钱？

洞见　　让你花钱的地方通常来说也是你看重的。赚多少钱不是最重要的——如果你不看重金钱本身，只在乎你真正在意的，那么钱赚得快也花得快！

你越了解什么对你是真正重要的（如拥有人生意义和目标）你就越关心在何处投入财力。

你的人生目标可能是变得富有，许多人靠自身的才能和优势努力地生活，进而变得富裕。而如果他们在金钱的外部回报之外找不到其他意义，幸福感和生活满意度就比不上那些做自己喜爱的事并因此而赚钱的人。

洞见　　正如我们在本书开篇时注意到的，研究表明，如果我们付得起账单，工资达到平均水平，之后收入的增加对幸福感的提升只会产生很小的作用。赚更多的钱只会让人稍微开心一些，事实上当人们变得富有时，幸福感有时反而会下降。

物质价值观的成本

一些研究发现，人们越追求物质，就越会感到不开心，对生活越不满意。他们还有可能感到沮丧、压抑、焦虑、自恋，不如那些物质观较弱的人健康。

心理学家蒂姆·凯瑟（Tim Kasser）强调，物质价值观对我们自身和人际关系产生成本。物质主义者较少体谅他人，心胸较狭窄，他们更有可能利用他人来使自己飞黄腾达，或者给自己树立正面的社会形象。追求物质让人们更清楚地意识到身处何种境况，研究发现，与他人攀比不利于福祉。

你或许还记得，第一章曾引用过一项调查——赠人钱财比自己花钱更幸福！

小贴士

不断吸收广告信息可能会助长物质主义。

积极心理学表明，在无意义或无更大价值的事情上花钱并不会为你带来幸福感，它甚至可能会有害健康。

钱是重要的，我们能用钱做许多有价值、有意义的事情（树立人生目标）。钱是重要的，贫穷无疑有损福祉，当我们能自给自足时，钱就代表了我们赖以生存的价值观。

你多看重金钱？

- 金钱能让我买自己想要的东西。
- 金钱能让我在一生中做更多的事。

● 金钱能让我关心自己所爱的人。

✂ -

小结

有关积极心理学的研究发现，实现需求的能力以及行动的自由能积极地影响我们的福祉。

本章检验了这样的观念，即"我是谁"反映出"我真正重视什么"，以及当你真实、有意义地生活时，你更可能获得发展。

- 你需要认真地考虑自己的价值观。
- 你的价值观源自何处？
- 你真正关心的是什么？
- 你需要探索人生目标和"我是谁"（当你最真实地面对自己时）。
- 你需要看到自己对金钱的重视程度，以及钱对你来说意味着什么。

通过探索你真正重视的、对你有意义的事，本章进一步挖掘了个体的需求。更好地了解真实的自己，你就会在各个生活领域发现更多的目标和方向。

下一章我将帮你发现自律和自我管理的方法，以便让你得以真正地发展。

- -

第八章

拥有智慧：开启精神修行之旅

积极心理学在检验何谓丰盛的人生时发现，
这种人生是充满智慧的，快乐的和知足的人拥有
智者的诸多个性特征。

圣人不积，既以为人，己愈有；既以与人，己愈多。

　　——**老子，中国古代思想家、哲学家、文学家、史学家**

　　"保持睿智"与"让精神指引生活的方向"，这两者是不同的概念，而它们都需要你将了解自身与理解他人以及适应不同于自己价值观的世界观结合起来。健康、快乐和知足的人常常践行智慧修行。积极心理学检验那些能成就丰盛人生的因素，接近对传统哲学主题的思考。心理学家发现，丰盛的人生共享一个复杂的主题——幸福安逸的生活。人们发现美德、伦理观和开朗的性格与幸福有错综复杂的关联。积极心理学在检验何谓丰盛的人生时发现这种人生是充满智慧的，这表明最快乐和最知足的人拥有智者的诸多个性特征。

　　心理学家大卫·沃森（David Watson）告诉我们，除了积极融入社会生活外，那些称自己拥有精神信仰或宗教信仰的人会感到更幸福。本章将检验智者的实践活动，并解释这些活动为何对幸福是重要的。

智慧

智慧不是才智，而才智是智者的基本特性。智慧，一般是指拥有人类最佳特质，是有关幸福的研究的重要课题。智慧知识心理学认为，智慧集智力、专业知识和品格为一体。积极心理学愈发清晰地表明，品格（"我是谁"）是将我们引向丰盛、幸福人生的强大促进因素。品格还能从智慧中区分出智力和聪慧。

智慧是指个体在某种情境下评估知识的能力，同时还能考虑他人，在现在和未来的环境中平衡长期、短期利益的能力。基本上，智慧能从本能和经验出发去平衡那些规则之外的各个要素。

心理学家罗伯特·斯滕伯格（Robert Sternberg）认为智慧需要：

- 意识到你的价值观；
- 有效管理利益冲突，包括自我管理；
- 能够洞察特定情境的微妙之处，以便发展实用策略。

积极心理学家列举了智者的共同特性：

- 在复杂的环境下能较好地适应确定性与不确定性；
- 认为过程比结果重要，同时致力于获得最佳结果；
- 能坚守原则和目标，运用知识和专业技能服务他人和环境。

━━ ■ 示例 ■ ━━

我们常常错误地把智慧当作一种技能，而智慧常常能发挥更大的作用，针对这一点巴里·施瓦茨（Barry Schwartz）举了一个经典案例。他以医院清洁工的工作职责为例。他们的必备技能有很多，其中没有包含社交或人际交往技能。当研究人员对有经验的清洁工进行工作询谈时，他们发现，最好的清洁工会及时调整工作状态并且能为他人考虑，例如不谈及自己家庭的不幸，一直拖地板也不抱怨，这样做能很好地安抚病人的情绪。他们通常能意识到周围人和病人的需求。聪明的清洁工会结合技能与工作经验，预估何时遵守规定、何时依照个性做事是合适的。这样不仅会对病人的康复产生积极的影响，也会让自己在工作中获得最大的幸福感，即便这些技能不是清洁工作所明确要求的。

有智慧的人表现出来的诸多技能与高智商者必备的技能类似，此外还需要考虑经验和专长，以便适应周围环境和他人。

从文化和历史方面分析，智慧包括解决有关意义、生活行为等难题的能力，这些能力有利于个人成长和社会发展，促使个体将知识与性格相结合，明白知识的局限性。这些特质或许难以达到，而在心理学家保罗·巴尔蒂斯（Paul Baltes）看来这些特质容易被大众识别。

定义

智慧包括：

● 较高的思维水平；

- 对他人表现出浓厚的兴趣；

- 深入地理解他人，结合他人的价值观，尊重他人的需求；

- 公平；

- 接纳他人的意见和观念；

- 意识到不断向他人学习的必要性；

- 反思、理解和静心；

- 敏锐的洞察力；

- 准确地倾听；

- 承认错误，承认自己会犯错；

- 明白知识也会有错，对未知的事持怀疑态度，拥有接纳的心态；

- 解决问题的能力；

- 理性和平衡；

- 谦逊。

智慧不是：

- 知道答案；

- 做得对；

- 一成不变；

- 小聪明；

- 事实；

- 建议。

年龄是影响智慧的因素吗

智慧随年龄和经验的增长而增长，而变老和经验丰富不一定意味有智慧！该领域的研究丰富多样。专业知识和经验是智者所具备的，随着年龄的增长人们会积累更多的经验和专长，这一观点容易理解。而研究尚未就"性格对智慧的增长能发挥作用"这一观点得出明确的结论。在生活中，我们有更多的机会拓展知识面；有洞察力、能在逆境中成长的人更有可能积累智慧。达到平均智慧水平比增长智慧更容易，因为判断他人的行动只需要较少的人格力量（相较于了解我们自身的洞察力和情感成熟度）。多数心理学家相信，个人智慧会随着年龄的增长而增长。个人智慧需要关注自我发现，了解自己的价值观，学会控制自身的情感和积极反映。

增长智慧的方式如下：

- 发展情商；
- 提升解决问题的能力；
- 培养适应力，发展应对问题的能力；
- 提升自我意识和自我接纳能力；
- 放慢脚步，关注当下；
- 理解和宽恕；
- 在学习中成长；
- 拥有豁达、仁慈的人生观；
- 心怀感恩；
- 了解自身信念和价值观，尊重他人的信念和价值观。

专长和经验

智慧需要人们具备某些专长，有较高的智商，它还要求人们在一定程度上利用、掌握工具和知识。这些涉及我们如何使用知识和专长（智慧的来源）。我们可能凭直觉或运气顺利完成任务和行动，而这并非是靠智慧完成的。正如亚里士多德告诉我们的，真正的勇气是勇于评估行动后的风险。不考虑风险的行动是有勇无谋。职业渔民的决策有赖于经验和专业技能，他们能嗅到鱼群所在的位置或在天气变坏前返回岸上。睿智的渔民不仅能这样做，他们还能了解一同出海的人，知道如何充分发挥船员、渔船和海洋的优势，同时还能教授捕捞技术、建立人际关系、维持秩序。有时，遇挫后进行反思和吸取教训有助于培养专业技能，这对做决策很关键。

- 你最擅长什么专业技能？
- 你真正深谙什么？

更重要的是，你的勇气和自信是否与你的才能和知识一样多？如果答案是否定的，原因是什么？你所做的一切会影响你要做的一切。反思、了解自己就像学习技能和培养专长那样，你无须担心。

拥有一位良师

研究表明，智慧需要内外兼修。幸得良师的指导（我们尊重良师的观点和能力）可以帮助我们学到许多智慧和道理，有助于我们评价和调解自身行动。教育（负责教学生如何思考而不仅看重积累书本知识）是激发学生智慧和学识的起点。许多伟大领袖和成功人士会谈及某位老师或行动楷模在塑造生活方面对他们产生的积极影响。生活中认识一位智者是发展自身优势、天赋和智慧的基本要素，这也是人生必经之路。当你对他人大声说出自己的想法或对信任的人解释这些想法时，你会更清楚地聆听自己。在专业能力方面，这表现为在专家指导下发展自身技能和专长且能维持生活原貌的方式。

- 你会分享自己遇到的问题，还是喜欢独自解决问题？
- 上次你反映问题是在什么时候？
- 谁是你生活中的良师？
- 父母教会你什么？你是睿智的父母吗？
- 你有崇拜的英雄吗（如果能力允许，你会成为像他那样的人）？

现在，这些英雄能给你提供什么人生建议？你何时能表现出他们身上令你尊重的特质和优势？

从错误中吸取教训

智者不惧怕失败、改变想法或承认自己的无知。他们更可能敏锐地意识到自己所知甚少。拥有成长型思维模式是智慧的基本特性。你能将自己犯的错误视为学习机会，还是将错误视作失败？上次你改变心意是在什么时候？

我们不仅能从错误中成长和发展，还能发现如何把事情做好。我的朋友是一名训练有素、具备专业知识的健康顾问，在生了四个孩子后，她把曾经学习的知识运用在自己身上。现在，她比一般健康顾问更睿智。她改变了想法，哪怕已经有了丰富的经验，她仍然承认她比在"聪明"的年轻时期知道得更少。

回想你曾经犯过并值得感谢的一个大错误。

发展好奇心

智慧要求我们充满好奇心，接受不同的观念和看法，发展成长型思维模式。没有好奇心，我们就学不到知识。智者不担心自己看起来愚钝。

好奇心是指：

- 对机遇敞开怀抱；
- 帮助我们理解他人；
- 激发洞察力和新视角；
- 积累知识，包括所知和未知的。

练习

- 今天花更多的时间问问题而不是寻找答案。
- 真正倾听、保持好奇，如果不明白别人告诉你的事就好奇地一探究竟。
- 把手表戴到另一只手上，提醒自己要充满好奇心地过一天。

谦逊与自我接纳

谦逊包含智者的多种特质，尤其是对他人的接纳和兴趣。谦逊不是假装恭维。心理学家琼·普赖斯·坦尼（June Price Tangney）认为，谦逊指准确评估自身的优点和缺点，了解自己所知和未知的，包括运用知识发展宏图伟业、接纳新观念，以及理解他人的差异和需求。谦逊能让人超越自我，不以自我为中心，在不否定自身的前提下更有兴趣关注他人及其需求。谦逊是自恋的对立面。

当睿智的领导者表现出上述特质时，他们能认知自我角色并关注员工的特质和潜力。自我接纳是积极心理学的主题，了解自身，乐于看到真实的自己会让你原谅自己。

倾听

不能倾听就无法变得睿智。你会认真倾听吗？我们都以为自己在听，只是不能停下来留意听到了什么。担任教练期间，我持续学习的一项最重要的技能就是认真倾听，现在我还在学习这门技艺。

你有过这样的经历吗？开车沿着一条熟悉的大道向目的地行驶，你几乎意识不到途经了哪些地方。人生中有许多时候你都处于这种半清醒的状态。试着全神贯注地倾听，你会惊讶自己竟能听到更多的内容。

发展想象力

运用智力和情感去想象，与他人的需求和观念产生共情，这是智者的必备特性。心理学家尤特·昆兹曼（Ute Kunzman）和保罗·巴尔特斯（Paul Baltes）告诉我们："如果提意见的人无法想象他人需要何物就不可能努力学习知识。"拥有想象力，适应其他文化和复杂情境是具备睿智特性的基本要求。

发挥想象力、保持好奇、拓展认知，并且试着想象自己站在他人的立场会怎样。智慧包括考虑他人的视角、观念和价值结构。

- 从不同的宗教或政治视角看世界会怎样？
- 当你某一天做了自己的英雄时，你会怎样？
- 如果一天只允许你花一便士，你会怎样？
- 说出你真正的信念会怎样？你会对谁说？
- 如果知道自己仅有一年可活，你会怎样？
- 如果钱不是问题，你会做什么？

发挥想象，体会别人的世界和经历。

花时间反思与评价

智者拥有积极反思的心态。几年前，我发现许多辩护律师雇用了心理咨询师，不是因为他们需要心理咨询而是心理分析能让他们一周花一个小时对自己的言行负责。现在，企业高管出于同样的原因聘用心理辅导员。由此可见，我们有必要留出时间反思和评价我们的生活。最近，我对"每周1.5小时培训——如何让团体生活变得幸福、健康"的研讨会的效果进行了研究，本研讨会结构化地反映、关注了生活的各个层面。研究表明，主动反思的人相较于那些只是见面聊天的人感到更快乐、更舒服。一味向前冲会妨碍我们评估自己的选择，（更重要的是）以及评估那些当我们反思、学习时做出的选择。

他人的意识

你在多大程度上迷失在自己的世界中？尤其是当你忙碌、心不在焉时很容易产生担忧和困扰。我们谈到，在逆境中求助他人是有效的应对策略，你还要意识到，他人在了解你时你也会增加对自己生活的了解和体会。智慧的特质之一是为他人考虑。

练习

- 留意并评判下一个与你对话的人，包括他们的衣着、声音和外表。
- 接下来，不用思考或分析，只是与某人待在一起。与他们在一起，不做任何评判，只是感受他们本来的样子。
- 这两种与人相处的方法有何差异？在练习中，你留意到自身的变化了吗？

有益健康的九种精神修行

1. 活在当下

直面当下、保持专注，是所有精神修行的核心要义，关注此刻是永恒的主题。第三章讨论了品位的艺术，它能让人乐于活在当下。对当下敞开心扉能让你发现机会，更好地实现每时每刻的可能性。专注当下是指，对发生的事保持开放的心态，遵照事情本来的样貌与之共处。有时候事情无法按照原计划进行，你若着眼于当下便会接受这种状况，拥有意外的收获。

完全置身当下很重要，因为它能让你：

- 放慢脚步；

- 更加清醒；
- 留意情绪的变化；
- 管理情绪；
- 体会当前发生的事；
- 惊叹和敬畏；
- 富有同情心；
- 见到、听到得更多。

练习

今天，暂时不用在意你的投入会带来什么结果。你仍然可以着眼于结果，做出相应的举动，但是请你更多地关注当前的即时行动和选择。专注过程并留意他人的需求和价值观，将这些需求纳入自己的行动选择、原则和目标中。

2. 锻炼自我意识

你可以通过关注自己的想法或身体来锻炼自我意识。

小贴士

坐着闭上眼睛，尽可能轻轻地抬起手臂，全神贯注于移动的手臂。你还可以观察自己走路，看看自己能走得多慢、多平稳，充分关注抬腿和移动腿时的每个动作。你还可以关注自己的呼吸。

这些练习可以在一天中任何时间段进行，它们会增强你对自身及周边环境的专注力。

3. 心怀感恩

感恩是幸福生活的重要特点。感激朋友、家人和同事，找时间分享某人身上让你欣赏和喜爱的事。适当地与亲近的人交流。我从一位朋友那收到一张鼓励卡，上面写着她想把我曾给予她的力量带给我。我感到自己被感激、被支持，我感谢自己拥有这样的良友。寻找他人身上令你喜爱和欣赏的部分，告诉他们你为何感谢他们在你的生活中出现。除了请吃饭或赠送礼物外，你还可以寄贺卡或发电子邮件亲自感谢某人，这不仅是一种礼节，也是有价值的习惯。请心怀真诚地践行此事。

如何让感恩更神圣？当你认识到自己对何感恩时，便会发现自己更专注；当你更专注时，你会留意到更多；当你留意得更多时，你就更能认识到事情是如此令人惊讶，你甚至还会对现实生活的富足表达更多的谢意。

恩典，让我们意识到它不是我们赚来的，也不是我们本该有的，而是别人赐予我们的。

——格雷格·克莱奇（Gregg Kretch）

4. 惊叹和敬畏

深深的感激带给我们敬畏之心。敬畏指对崇高的敏感，或成为比自身更强大、更伟大的事物的一部分。敬畏，类似于在巅峰体验或心流中所感知的情感，类似于惊叹和崇敬的情感反应。它可以是精神反应，也可以是对伟大感到喜悦与惊叹。心理学家伯克利（Bulkeley）认为，惊叹包含两种效应：（1）自我被一种有力、未曾预料和新鲜的体验所撼动（去中心化）；（2）自我重塑（再中心化）以回应新知识和新理解。

惊叹和敬畏都是能让我们敞开心扉的强烈情感。

- 上次你感到敬畏和惊叹是在何时？
- 是什么阻止了你敞开心扉？
- 敞开心扉欣赏他人的美好。
- 敞开心扉享受生活的富足。

5. 练习宽恕

宽恕是每日（和每时）进行的活动。有时，你不可能宽恕和忘记某人 / 某事，却可能选择不理会他人对你造成的痛苦。你可以决定让他人在多大程度上影响你的幸福。宽恕是一个复杂的过程，本书只能提醒你宽恕需要修炼并相应地介绍部分研究。你越是能应用从本书中吸取的知识，就越可能在情感的房间里找到那把橱柜的钥匙，它会让你放宽心去宽恕。

研究表明，宽恕能让人：

- 产生较少的压抑情绪；
- 较少发脾气；
- 较少感到不幸福。

研究表明，被原谅的人或想象自己被原谅的人会减少内疚感、怒气和悲伤，也会更乐于助人和心怀感激。

想一想，你需要原谅自己吗？你想要原谅什么？生活中有没有什么是你一旦做对就会感觉如释重负的事？从现在开始宽恕你自己吧！

宽恕是宏大的主题。原谅某人迟到和宽恕一名引发交通事故的酒驾司机所包含的情感大相径庭。你对宽恕付出的努力越大，宽恕的程度就越深，对幸福的影响也就越大。宽恕你的伴侣比宽恕与你无关的人对幸福会产生更大的影响。学着宽恕是一个过程，当过程推进时你也能有所收获。如果有一些大事无法让你宽恕，不妨只宽恕你能宽恕的部分。例如，在今天只花一小时去宽恕。放下情感依恋是另一种开始宽恕的方法。本书和积极心理学暂时只能告诉你宽恕是你送给自己的礼物，你的幸福掌握在自己手中，别人只会对有力量这么做的人表示赞叹并从中受到启发。

6. 练习自我接纳

自我接纳的好方法是赞美你所拥有的一切。如果你能从内心赞美自己的某些方面，那会怎样？如果你能从内心接纳自己的缺点，那会怎样？本书开篇提到了自我接纳。希望你感到快乐，对自己满意。请回顾第一章和第二章的内容，从中找到相应的提示。

练习

留意当你内心发生冲突，以及对他人产生强烈情感的时候。这种情感表明你尚未发现自己的某个方面。你可能会隐藏自己身上那些你认为不好的、不被允许的方面，抑制你自认为是错误的部分会激发这些消极的却并不真实存在的情感。检查躲在这些强烈情感背后的是什么，你会发现第六章提到的那座"冰山"，如果这是你需要面对的情况，不妨通过改编故事、转变反应或用宽恕应对它们。

- 你的价值观是否积极地尊重你？
- 发挥自身优势，练习自我接纳。
- 如果你对自己做的事感觉欠佳，你会：（1）觉得自己是坏人；（2）觉得自己所做的是一件坏事。

如果你选（1），那么纠正你的行为或更正错误的可能性就较低。事实上，你甚至可能回避这个问题或为自己辩解，而不是面对你已经做过的事。如果你选（2），你更有可能感到抱歉，试着理解是什么让你这么做的。请记得要用具体、暂时的眼光看问题，而不是从普遍或个人视角看问题。如果你的想法更倾向于（1），不妨花时间检查并试着理解你的行为，这样你就能知道未来的行动可能有所不同，寻求宽恕并继续前进。如果你只是感觉欠佳或觉得没价值，那么你就不太可能去检查、纠正你的所作所为。在好奇心和积极行动下接纳自我才是最佳的选择。如果你认为你不能改变，你将更难接纳自己。自我接纳的基本要义是：明白你可以改变自己并掌控自身的行动。

7. 练习自我管理

你需要在一定程度上管理自己，根据价值观调整自身行为、满足他人的需求。管理自己的思想、情感和行动是精神修行的核心要求。

自我管理不仅有益于精神健康。心理学家罗伊·鲍姆令特（Roy Baumiester）在研究中发现，训练自我管理的人（例如练习坐直、观察自己吃的食物、关注财务状况，或者坚持常规锻炼）比那些未进行自我管理的人更能完成任务、提升绩效。自我管理者越是认真练习，就越能有效完成任务。

自我管理会对心理功能发挥显著作用，也能改善你在生活其他领域管理自身的能力：你越频繁地练习行为管理，在生活的其他方面就会变得越好。

8. 练习同情

同情是指为他人送去温暖，希望他们更好，此外别无他求。这种心理态度与奉献意识、责任感和尊重他人息息相关。同情不是怜悯，它能让内心充满力量，激发人们付出行动。尽管怜悯和共情很重要，而同情是对他人的苦境保持开放心态。真正的同情是能够想象他人的感受，进而采取相应的行动。当你关注他人时会渐渐产生同情心。

- 他人的何种遭遇打动你？
- 你觉得什么促使你帮助和支持他人？
- 你最同情谁？
- 你对自己有多同情？

小贴士

不要为他人或自己感到遗憾，遗憾是毒药，而怜悯和同情是健康的灵魂之食。

9. 修炼正念

正念是个体打开对自我及他人意识的方法，第三章介绍了品位产生的益处。正念不仅是发展精神意识的核心观念，还有助于增强幸福感。

正念的积极影响：

- 增强记忆力；
- 缓解压力；
- 提升能力；
- 促进健康；
- 增强创造力。

正念

正念是精神缺失的对立面。当你留心当下时，你会真正对一切保持清醒，活在眼下的丰富世界和各种不同的可能性观念中，对周围世界不做分析或评判，只是对每一刻你所充分意识到的新鲜事物保持清醒、开放的心态。有趣的是，我们注意到正念包含的许多要素被视为影响幸福感的关键因素。通过练习提升正念吧！

定义

正念的特质：

- 不做主观评判，只是观察；
- 完全活在当下，接受事物本来的样子；
- 关注过程而非结果，不直奔目标；
- 保持耐心和尊重，明白顺其自然的道理；
- 相信自己的能力；

- 拥有开放心态，善于发现新事物及其不确定性；

- 周全地考虑周围的一切；

- 关注情境、想法和情感，但也能适时地放弃；

- 能改变和适应环境和状况；

- 关爱与仁慈，同情与宽容；

- 共情，意识到他人的需求及不同的观点；

- 对现有的一切表示欣赏与感谢；

- 即便没有互惠也能保持慷慨。

精神缺失的特质：

- 具有固定的思维模式；

- 不经思考地接受事物；

- 习以为常；

- 顺从环境，单向思考；

- 心不在焉；

- 武断、盲目地看问题；

- 死板；

- 更关注结果。

冥想

　　我始终认为冥想是有益的。自从我研究福祉以来，我发现冥想与喝水和健身一样会积极影响健康和幸福。冥想是精神修行的基石。平复心绪的练习利大于弊。如果能将培养正念或冥想当作常规练习，你的生活将受益匪浅。

　　冥想被用来缓解：

- 慢性疼痛；
- 焦虑和恐慌；
- 皮肤病；
- 抑郁；
- 压力。

冥想可以支持以下方面：

- 自我实现、个人成长与自尊；
- 记忆力和智力；
- 创造力；
- 幸福感；
- 共情；
- 控制意识和自主意识；
- 反应时间；
- 专注力。

冥想与保持警觉有关，还能产生类似于健身带来的正激素效应。冥想有益于健康、心智、能力和幸福感。你还在犹豫什么？

冥想从正念和专注开始。本章的所有实践都能让你在专业的指导下敞开胸怀。为了使生活更充实，你可以通过自我认知、理解他人和智慧来控制自己的情感和欲望。精神修行鼓励人们发展天性、超越自我。开放、立足当下会产生更多的机遇与体验，远远好过盲目追寻目标。

本章提到的行为和实践将有助于你充满智慧地生活。

小结

本章我们了解了智者的特性，如果想变得睿智，你需要做到以下几点：

- 具备知识和专长；
- 发挥想象，与他人的体验共情；
- 乐于从错误中吸取经验教训，保持好奇，接受不确定性；
- 明白自己的优势、缺点和价值观，尊重他人的需求和价值观；
- 运用智慧知识服务他人。

我们看到，注重精神修行的人比那些没有此类实践的人更有可能快乐。

研究显示，人们能共享很多情感和实践，对此我们在以下方面进行了检验：

- 活在当下；
- 锻炼自我意识；
- 心怀感恩；
- 惊叹和敬畏；
- 练习宽恕；
- 练习自我接纳；
- 练习自我管理；
- 练习同情；
- 修炼正念；
- 冥想。

第九章

身体健康：健康体魄与健康思想相辅相成

幸福对健康的影响大于健康对幸福的影响。拥有健康的体魄和健康的思想是世界上关于快乐的最言简意赅的表述。

拥有健康的体魄和健康的思想是世界上关于快乐的最言简意赅的表述。

——**约翰·洛克**（John Locke）

你还记得第三章提到的罗伯特·埃蒙斯的研究吗？他说持续三周写"感谢日记"能提升幸福感。坚持写日记不仅能使你更快乐，睡眠质量也能得到改善。你越快乐就越健康，就会越关心自己和他人。

本书很大一部分内容在讨论情感对思想的影响，以及如何有效地让思想包容情感，让情感像知识和动机那样发挥作用以便个体能更好地应对状况。情感通过内分泌系统被激活，它是身体功能不可或缺的一部分，对身体发挥着有力的影响。

行为心理学家斯金纳（Skinner）开展的一项著名研究表明了身体反应如何被脑力锻炼所激发。主人每次对小狗喂食时都会拉响铃铛，小狗应声分泌唾液。小学物理老师说当我们感到恐惧时肾上腺素会升高，身体会产生强烈的物理反应。唾液、流汗和性兴奋是对想法和情感最基本的身体反应，研究者致力于研究想法和行动对神经系统和内分泌系统会产生何种效果。如果研究能够证明，通过理解神经与激素的关联，大脑以特定的方式思考时身体状况会得以改善，那么该类研究就更具有客观性。科学表明，个体在童年早期就能形成身体反应，人类的遗传基因偏差——正如我们已经注意到的——会发挥决定性的作用。研究表明，思想会对情感反应产生巨大的影响，并且身体活动对认知能力和情感同样重要。一方面，思想属于身体的一部分，"健康的体魄孕育健康的思想"这句格言不容置疑；另一方面，拥有健康的体魄有赖于健康的思想，健康活力能让我们产生积极的想法，积极思考时我们会变得更健康、更有活力。

洞见　　幸福对健康的影响大于健康对幸福的影响。一项著名研究表明，80% 的截瘫者感觉生活能达到健全人的平均水平或高于平均水平。有的人在身体遭受不幸后还能找回幸福，因为他们更懂得感谢自己所拥有的生活。

身体健康影响心理福祉，心理福祉也受健康体魄的积极影响。事实上，锻炼身体被视为治疗多数抑郁症病例的最佳方案。重度临床抑郁症还能通过锻炼和冥想得到缓解。近期的一项研究显示，锻炼身体和主观幸福感有积极的关联，你越积极主动，越不太可能感到焦虑和压力。

改善身体健康状况的三种方式

要改善身体健康状况，首先要关注自己的态度和呼吸。呼吸孕育生命，如果没有其他事情要忙，不妨放松、沉肩、坐直并深呼吸。每吸一口气胃部会收紧，让气息缓缓从口中呼出。在书桌或电脑前坐久了，不妨拉伸颈部肌肉，扭扭头。记得每隔一段时间站起来活动一下。

小贴士

主动、定期地锻炼身体会改善认知能力。

1. 锻炼

锻炼的重要性

从童年到老年，定期锻炼会改善记忆力、规划能力、组织能力和注意力。年老时，定期锻炼能降低身心功能衰退的速度。小学生坚持锻炼能提高考试成绩。锻炼可以增加大脑氧流量，刺激新的大脑细胞增长。在治疗抑郁症方面，锻炼比吃药更管用。当患者需要用药时，将服药和锻炼结合会比仅仅依靠冥想更可能降低复发的可能性。值得注意的是，针对锻炼和抑郁的关系的研究不可重复地进行。

锻炼是福祉的基本条件，这一点众所周知，而心里明白和实际去做是两码事。如果你有良好的意愿却无法保持锻炼的习惯，我建议你和一位朋友一起锻炼。

与他人一起锻炼

据我观察，幸福的人往往拥有积极的生活。与朋友一起散步是开始锻炼的好方法。制订与他人一同锻炼的计划，然后严格遵照计划进行锻炼。此外，参加团体运动，如跳舞，能让你有机会进入心流。以下几种趣味活动可以增强幸福感。

- 跳舞
- 团体运动
- 散步时聊天
- 鸣钟
- 养狗
- 与孩子玩寻宝游戏
- 性爱

小贴士

严格实施锻炼计划，如果不能坚持就会令伙伴失望。

小贴士

关于步行

- 在 15 分钟内走 1 英里 ①，与 8.3 分钟跑相同的距离燃烧的卡路里数相等。

———————————

① 1 英里约合 1.61 千米。——编者注

- 每天走 2 英里，每周坚持 3 天，每隔 3 周体重就能减轻 1 磅[①]。
- 每步行 1 分钟，生命时长就会增加 1.3 ~ 2 分钟。

小贴士

锻炼虽然有趣，但要适度。有证据表明，参加紧张的健身比赛不如心情愉悦时锻炼的效果好。

■ ■ **示例** ■ ■

我们告诉实验组的酒店清洁工，清洁工作有益于他们的心脏健康。四周后，他们比那些未得知清洁工作有益于健康的员工更能胜任工作。

那么，如何才能坚持锻炼呢?

- 找一位健身伙伴。起初你们只需坚持四周，达到这个目标后庆功，然后开始下一阶段;
- 让健身馆锻炼更有趣;
- 根据个人优势制订健身计划;
- 把车停在离办公室远一些的地方;
- 想象你每天早上醒来时很健康，为拥有健康的体魄心存感恩。

---

① 1 磅约合 0.45 千克。——编者注

2. 健康饮食

我们摄入的食物能影响身体健康和身体机能，这一点无须积极心理学家告诉我们。为何达到体内平衡那么难呢？虽然本书不是美食类书籍，但可以从积极心理学的角度为你提供一些帮助。

你还记得香甜的柠檬茶吗？越是不去想，你的反应就会越敏感。通常，当我们过分关注体型和食物时就会遇到这种情况。

研究表明，随着人类的发展，人们会更长寿，但体重也可能越来越重，糖尿病、心血管病和癌症的患病率可能会升高。大家都明白，不健康的生活方式不益于身心健康，而很多人至今仍未采取健康的饮食方式。不幸福感与身体状况紧密相关，我们要做的事还有很多。

最简单的保持健康的方式之一是：多喝水。多喝水有很多好处，例如，水能帮助我们排毒，让我们感到神清气爽；研究表明多喝水还能提高认知能力。从今天起开始多喝水吧！这样有助于身心健康。

小贴士

在厨房水槽边或在浴室脸盆旁放一杯水。每次去厨房或浴室时喝点水，然后再把杯子里的水倒满。

研究表明，适度饮酒对你是有好处的，研究表明，适度饮酒者比绝对禁酒者患上抑郁症的概率更低。而酗酒有损健康。男性一周摄入超过 21 个酒精单位，女性一周摄入超过 14 个酒精单位就会危害健康。过量饮酒的人更容易患上抑郁症、焦虑症、痴呆和肝病。想象一下，在饮酒的适度范围之外，每花 1 英镑就等于是在损耗生命。酗酒会给你带来什么体验？如何改变这种体验？你会看重什么？

小贴士

请在饮酒前、后分别喝一杯水。

与食物建立积极的关系

如今，我们有很多食物可供选择，仿佛已经没有了"食物能维持生命"的概念。关于何种食物能带来健康、幸福和能量的研究源源不断。适量的食物对你有益，过分焦虑什么能吃或不能吃反而会让你不幸福。你会搜索大量的信息，然后花数小时购买"健康"食物，在这个过程中你会倍感压力，从而失去了吃健康食物的意义。美食是幸福的催化剂，准备食物能让你用心活在当下。与他人一起吃饭可以一边品味美食一边分享幸福。

有关胆固醇含量的影响的研究已达上百种。一些研究表明，高胆固醇会延长寿命，因为它会降低被感染、患抑郁症和癌症的概率；相反，还有一些研究表明，高胆固醇有害心脏健康。虽然尚无定论，但官方建议适量降低体内的胆固醇含量。关于什么该吃以及什么不该吃，诸多研究令人不知所措。本书将为你提供一些合理的小建议：

● 每天吃适量的水果和蔬菜；

- 留出烹饪的时间，自己做菜更健康，不仅因为食材新鲜，还因为在备菜时你会更用心；
- 吃慢一点，尽情享用美食（记住品味的重要性）；
- 吃喜欢吃的食物，分量适度，记得自控，不要拒绝饮食带来的乐趣；
- 与他人一同品味美食；
- 吃有营养的零食，如坚果、干果或自制爆米花；
- 吃饭时间规律；
- 别觉得吃饭是一件麻烦事，把食物视作生命之源。

为何不经常清除体内"淤垢"？不时进行斋戒对净化身心不无裨益。

小贴士

每月排一次体内毒素。饮料只选白水（或热或冷），加一片柠檬；只吃水果、蔬菜和豆类；戒除酒精、咖啡因、乳制品、糖类、小麦和肉类。

3. 爱惜你的身体

幸福的人会欣赏并爱惜自己的身体。上一次你在镜子前赤裸身体观察自己是在什么时候？与 20 年前相比，现在我感觉这样做比较难。我们生活在由年轻人主导的文化中，渐渐老去时我们会思考如何克服、隐藏，甚至拒绝身体的自然变化。真正性感的人会与自己的身体和睦相处，从而散发着自信。

每个人都不是完美的。如果你在意的是身体的缺陷而不是魅力，就无法享受、发挥身体的全部潜能。当你过分注重体型时，体内那些悦动的快乐因子会随着饮食乐趣的消失而消失。如果你还年轻就趁现在感激自己的身体！再过 20 年或 30 年，你就会渴望拥有这种迷人体魄了！

如何让关注的事物在眼前渐渐变大

孩子需要在 9 月、10 月、11 月、12 月（在圣诞节之前）和 1 月各画一次圣诞老人图像。圣诞老人越大，距离圣诞节就越近，孩子的礼物袋也会在节前逐渐变大。到了 1 月，圣诞老人和礼物袋又会变小。这是一项有意义的研究，结论表明，当某物随处可见且被我们想到和关注时，它就会变"大"。如果食物对我们很重要，类似情况也会发生。我们会计算热量，纠结体重。从食物和体重的角度不断关注身体，会扭曲我们与美好自我以及与食物的关系。如果我们像圣诞节前的孩子那样一再拒绝或纠结吃什么，画板上就没有空间去画喜悦、惊喜及其他乐趣和快乐了。我们的画就像盛满食物的大盘子，或者像一只巨大的胃或双下巴。

练习

- 试着找出你喜欢的五个身体部位，用心留意他人的赞美。
- 连续两周用心享受、品味食物，不要拒绝自己的胃口。
- 花更多时间享用美食，注意食物的滋味及口感。
- 让菜品更丰富。
- 用餐前花一分钟对食物和身体表达谢意。

练习

用心饮食

拿块巧克力，尽可能细细地品味，尽量长时间地含住，让它在舌尖溶化。与朋友一起做这个练习吧！

享受兴趣爱好

跳舞

你是否发现，每种文化都包含舞蹈？你多久跳一次舞？我的女儿觉得舞蹈能让她精神愉悦、释放压力、精力充沛。研究表明，跳舞会让你获得即时快乐，跳舞时你与他人建立联系、提升技能、改善心流体验，进而使身心与目标达成一致。跳舞能对身体健康产生显著的积极作用，还能促进心理福祉。

近期一项研究发现，嘻哈街舞比滑冰或身体调理更能积极地影响健康。

音乐

你还记得前几章提到听音乐是即时快乐的助推器吗？音乐能让人释放情绪，它属于精神、身体和心理的语言。音乐训练会为你带来更多乐趣，并且提升健康指数。

主动制作、播放音乐或伴着音乐唱歌能刺激你的心流。当你在乐队、唱诗班或管弦乐队中对团队成员敞开心扉，与他们建立情感联结时，你就能获得乐趣。演奏乐器也是一项锻炼身体的活动。鼓手的健康与运动员的健康在本质上是相同的。如果你想唱诗或吹奏管乐器，就要有一颗健康的肺，本章开始时我们提到了呼吸是最重要的健康活动。主动创作音乐能让你保持健康，我指的是积极参与，不是坐在屋里独自面对电脑。如果你真想感到快乐，不妨出去和其他人一起创作音乐吧！

教育心理学家苏珊·哈勒姆（Susan Hallam）列出了创作音乐的积极作用：

- 增长积极情绪和能量，音乐能让你快乐、充满活力；
- 提升智商和思维能力；
- 激发创造力；
- 减少抑郁；
- 改善健康状况，提高心率、降低死亡率；
- 提升社交技能；
- 改进目标和动机；
- 改善孩子的阅读能力和计算能力；
- 改善记忆力。

爱好和体育运动

园艺、骑马、皮划艇和帆船运动、滑雪、远足、高尔夫等运动都能锻炼身体。让你融入健康环境的活动好比食物对灵魂和肌肉的作用。参加户外活动对你的肺、心脏和思想等都有好处。积极参与有挑战性且能增进社交的趣味体育运动能促进健康和福祉。

近期的研究发现，我们不仅要走出家门，还要与自然接触，这样才能补充能量，显著改善健康状况。一天 20 分钟户外活动足以激发活力！

园艺是一项简单的户外活动，它不仅能为你提供锻炼的机会，还能让你有机会关心他人，创造美好事物。照料植物，观察它们的生长会促进你的身心健康。花时间与各种植物和花卉（不同的色彩、结构和形状）待在一起能立刻缓解压力。请勿将园艺当作家务，当杂草或花床蔓生时，请花点时间留意它们的自然美。每次专注于一件事，牢记正念的力量，许多园艺活动类似于冥想。如果你不得不在花园里做繁重的苦差事，我建议你在完成工作时为此庆祝。把手伸进土壤，真正感受园艺带来的活力与能量，有助于你缓解抑郁。蒙提·唐（Monty Don）说他自己就是这样从抑郁中被"挖"出来的。

在有关身体健康的章节谈论创意有点奇怪，而有创意的爱好往往也是一种身体锻炼。前面我们谈到了园艺，如果你爱画画也可以拿素描本外出，这样还能顺便散散步。带孩子外出野餐、遛狗、约一群朋友出游，这些都是能让你活动的新方法。

人们日益认识到，瑜伽、太极、跆拳道、柔道、普拉提、体操等有益于身心健康。它们对身体的影响很大，不仅被用来改善身体灵活性，还能让内心充满正能量。觉得心痛时我们耸耸肩以保护内心，我们的姿态与情感健康密切相关。研究发现，瑜伽或柔道等运动对神经系统发挥的作用日益增大。第八章介绍了自我管理和自律的好处。身心自律是良好的生活习惯，你将注意到，它不仅对健康有利，还能令思维敏捷，让你在其他方面表明得更出色。自我管理好比一块肌肉，锻炼得越多就会变得越强壮。

最后，为何不为你的性生活注入活力？性爱是世界上最有益于福祉的活动之一。适度的性爱有益于身体健康，它能：

- 调节心率；
- 改善呼吸系统的功能；
- 促进循环；
- 燃烧热量；
- 增强免疫力；
- 更健康、更长寿。

性爱不仅影响身体健康，还会影响情绪、心理和精神健康。

如何培养健康的习惯

发展健康的目标包括，意识到自己要形成健康的习惯，试图寻找、维护实现这种需求的计划或策略。

即便活动能提供奖励，我们在其中投入精力时也要做出改变，创造新的习惯。对新习惯保持自律并持之以恒较难，因为这样意味着我们必须停下手头的事为新事物留出时间。

我们爱伴侣、家人和朋友，与所爱的人共度良宵会感到幸福，然而与其一起坐在电视机前消磨时间，不如约好外出体验一些特别的事。

哈佛大学积极心理学教授泰勒·本-沙哈尔（Tal Ben-

Shahar）认为，培养新的习惯至少需要四周时间，他建议人们试着一次只培养一种习惯，每个新习惯要用四周到六周时间才能固化。他还强调，当人们需要更自律时，对新行为制定惯例且在特定的时间以特定的方式去执行，将更容易激励人们执行任务或采取新行动。当个人的有意义的习惯与价值观相符时，其会变得更有活力。泰勒以清洁牙齿为例说明，保持洁牙的习惯不需要高度自律就能做到，洁牙是自我价值和保持个人卫生的一部分。

练习

培养新的习惯

- 你想培养哪种健康习惯？请写下来。
- 培养该习惯会给你带来什么？请写下来。
- 它反映了何种价值观？
- 这样做对"我是谁"和"我的立场"有何帮助？
- 如果你这么做会怎样？
- 新习惯会支持和看重（你自身和你生活的）哪个更关键的方面？

现在，请写下不执行这个新习惯会有何代价。为了留出时间执行新的习惯，你在生活中需要放弃什么？

第四章提到"发挥你的顶级优势"，现在，如何在生活中使用这个习惯？如何制定惯例，发挥自身优势？若你擅长创新、自控力强或满腔热情，那么这样做可能并不难。

✂ -

小结

本章指导你思考身体健康对福祉的重要性，保持快乐会对健康产生积极影响。

- 引导你积极思考身体锻炼与健康饮食，同时鼓励你欣赏并爱惜自己的身体。
- 参与活动（如舞蹈或创作音乐）可以对身心健康产生显著的积极影响。
- 户外活动（如园艺、体育运动、徒步远足、骑行、皮划艇和帆船运动、爬山、钓鱼）不仅有益于身心健康和福祉，还能让你有机会进入心流。
- 接触自然，激发活力和幸福感。
- 请记住，健康的性爱对你有好处。

希望你能培养一种新的习惯，让自己更健康、更幸福。

- -

第十章

成就感：在工作中运用积极心理学

我们会将一生中的很大一部分时间投入工作，工作不愉快不仅会降低工作时的幸福感、满意度和积极能动性，还会对生活的其他方面产生消极影响。

天 才的创造物必定是热情的产物。

——**本杰明·迪斯雷利**（Benjamin Disraeli）

　　积极心理学对工作的作用不容小觑。本章将告诉你何种关键因素能增强员工的幸福感，提升其工作满意度和积极能动性，最终让他们在职场拥有更大的成就感。我们将检验培养积极情绪和工作参与度的因素。研究表明，在工作中利用积极心理学的组织不仅能让其员工更幸福，还能实现更可观的利润率！

　　积极心理学在工作场所最实用。我们在一生中会将很多时间投入工作，适当地将工作状态视为普遍的幸福状态对提升总体幸福感很重要。工作不愉快不仅会影响工作时的幸福感，还会消极地影响生活的其他方面。此外，通过自身发展、工作效率的提升和职业成长，积极心理学还能给予我们实际的、可测量的回报，不论我们能否：

- 普遍对生活感到满意；

- 拥有幸福感和成就感；

- 获得个人成功；

- 拥有较好的商业关系；

- 晋升或加薪；

- 对自己所做的事更自信。

在工作中感觉良好会积极影响以下方面：

- 团队合作；

- 参与度；

- 工作方式的多样性和包容度；

- 专注力；

- 思维方式和绩效；

- 创造力。

无论工作场所大小如何，你都可以运用积极心理学，让自己和周围人更多地投入，获得更大的幸福感。

你可以暂不考虑自己是否渴望被他人喜欢并受他人欢迎，是否要做最好的团队成员 / 领导者，或者是否在一开始就在意让自己和他人感觉良好以便被他人认可。工作中有很多机会让你满足这些需求，并且为此感到快乐和知足。

运用积极心理学提升绩效并获得成就感

快乐的人是高效的人

研究表明，较高的绩效和认知能力有助于孕育积极情绪并提升工作参与度。你在投入工作并努力与工作任务建立关系时，你会感到兴奋、幸福、充满活力、专注，从而增强创造力和有效解决问题的能力。工作参与度的提升不仅让你享受工作的乐趣，还能提高你的绩效。

练习

试着回答下列问题。

- 在工作中，我每天都有机会做自己最擅长的事。
- 我明白在工作中我需要做什么。
- 我拥有顺利完成工作所需的资料和设备。
- 我有机会学习和成长。
- 我要完成各种任务。
- 我能有效地管理工作。
- 每天我都能发挥自身优势。

如果你对上述问题的回答是肯定的，说明你的工作态度比较积极。

提升工作参与度的七种方式

1.优势法

发挥自身优势是你让自己更幸福、更投入的重要途径；发挥自身优势不仅能让你享受工作，还能获得更多进入心流的机会。你如何在工作中注意到自身优势？

- 列出你在工作时较频繁地发挥自身优势的三种方法。
- 列出你鼓励同事去发现、发挥他们自身优势的三种方法。

参考第四章的"顶级优势列表"。有时，人们会隐藏某些优势，令其没有表现的机会。假设你的工作环境允许你根据团队成员的个人优势重新分配任务，你会惊讶地发现策略和目标竟能如此迅速地被执行、被实现。对惧怕电子数据表和详细会计信息的人来说，总有热爱处理数字的人帮助他们。有人行事张扬，有人擅长逗乐。承认他人的优势与发挥自身的优势都值得表扬。

- 你的顶级优势是什么？
- 你同事的顶级优势是什么？
- 今天，你是如何发现同事的优势的？
- 同事的哪些优势尚未充分发挥，你如何改变这种情况？

2. 多样性

多样性和新鲜感让我们精力充沛地投入工作。请记住尽可能地发挥自身优势，同时寻找变通方法。我们常常按照惯例和习惯行事，这样做能让我们变得高效、心情轻松，但前提是我们按照高效的惯例行事。值得注意的是，变化和多样性同样能让你感觉良好。

随意分配任务会稍微打乱工作顺序。在职级允许的前提下，不妨让同事们在某一天改变工作内容和方法，这样能让工作内容富有新意，进而产生非凡的效果。

如何稍微打乱工作顺序？你能改变何种运行机制？你会让什么与众不同？

小贴士

如何让工作多姿多彩？

- 用新方法执行惯例。
- 接受新体验或新挑战。
- 试着运用其他优势。
- 敢于冒险。
- 接受多样性。

3. 目标明确

拥有明确的目标能激励人心。当我们知道自己必须做什么以及为什么做这些时，我们才能真正地仔细考虑如何实现目标。

明确目标的方式如下：

- 为了明确目标，你需要立足于现实，设立短期内可实现的目标，同时敢于做"白日梦"（不可能实现的梦想），但是要找到节点清晰的具体的小目标；
- 如果你为自己工作，不妨找一个向其负责的人，约好一起庆功的日子；
- 如果工作要求你实现不切实际的目标，你因挫败感或失控而无法投入，那就想象你有一根魔杖，轻轻一挥就能发现对你真正重要的事，然后专注地去做；

● 发挥优势去改变或改善现有的状况；

● 请记住感觉良好会让你冷静思考，所以不妨寻找一个能让你开心的动力。

4. 进入工作的心流

技能培训、接受挑战是提升工作参与度的好方法。请记住，当有机会改善技能时，这些技能会成为你体验心流的方法。接受挑战能提高能力，增强自信和自尊。你在工作中遇到挑战了吗？

如何在工作中产生心流？

● 寻找能发展现有技能或学习新技能的机会。

● 找到能让你做更多真正令自己兴奋的事情的方法。

● 接受挑战。

● 建立一个让你乐在其中的工作空间。

● 按照最高标准行事，力求卓越，不走捷径。

● 专注于当前的任务，珍惜每一步、每一个过程。

5. 工作明确度

所谓工作明确度，是指你明白工作对你的期许以及同事的重要性。工作明确度能积极地影响：

● 工作满意度；

● 组织责任感；

● 缓解焦虑；

● 员工幸福感。

员工根据上级要求执行工作，这些要求的意义被较高管理层所理解，而对员工来说常常不甚明晰。

——米哈利·查克赞特米哈伊（Muhaly Csikszentmihalyi）

高效的领导者明白何时进行指导，以及应该将团队成员引向何处；低效的领导者容易拘泥于细节或只关心宏观层面，那样做很难适当地投入精力。

练习

测试：试着在一分钟内向别人介绍你的工作。如果你做不到，不妨试着问问自己：

● 我最看重工作的哪些方面？
● 我的公司或雇主最看重工作的哪些方面？

如果你对上述两个问题的回答不同，也许你需要确认是不是自己的问题。

---

6. 自主性

为了激发内在动机，你需要具备高度的自主性。

工作的自主性和选择行动的自由度能让你更积极。研究表明，个体自由与他人的信任可以有效地提升工作效率，允许员工对自身行为负责会令他们更幸福。拥有较大的自主性可以改善或支持以下方面：

- 归属感；

- 对工作享有（自由的）权利；

- 工作满意度；

- 责任感；

- 主人翁意识。

■ ■ 示例 ■ ■

Atlassian 软件公司提出一个增强员工自主性的金点子：每隔三个月，Atlassian 的员工就能拥有 24 小时做自己想做的事，而附加条件是，他们要在第二天对自己所做的事进行三分钟的陈述。这个过程产生了真正有创意的想法，也让员工有机会展示更多的个人技能。

如果你能让他人在工作中获得一定的自主性，就能真正改善他们的工作幸福感。

- 你在工作中拥有多大的自主性和内在动机？

- 你能选择处理工作的方式吗？

- 你能自由发挥自身优势吗？

- 你能制定让自己为之兴奋的个人目标吗？

■ ■ 示例 ■ ■

维基百科战胜微软电子百科全书英卡塔，是有关内在动机的功能的经典案例。尽管微软实施了正确的激励措施，但维基百科已成为当今最受欢迎的在线词典了。维基百科由志愿者无偿撰写、录入词条并及时更新，所有行为纯粹源自内心动机，因为他们由衷地热爱这些主题。

7. 思维模式

成长型思维模式对领导者发挥其角色的作用至关重要。拥有成长型思维模式的人乐于改变，愿意让自我和他人获得成长。你会将失败看作学习的机会吗？吉姆·柯林斯（Jim Collins）在《从优秀到卓越》（*From Good to Great*）中发现，大公司创立者应对失败（甚至是自己的失败）的能力具有共同特点——他们总爱问"如何才能改进和学习"。

思维开放的人更容易吸引优秀人才，不担心雇用比自己有才的员工。

心理学家卡罗尔·德韦克相信，拥有成长型思维模式是有效领导力的基本条件，领导者一般会将才能视为员工潜力发展的起点。

■ ■ 示例 ■ ■

罗伯特·伍德（Robert Wood）和阿尔伯特·班杜拉（Albert Bandura）发现，在商学院中，拥有成长型思维模式的学生比固定思维模式的学生在学业上表现得更出色。第一组"固定思维模式"的学生获知其固有才能会被既定的任务完成情况所衡量，而"成长型思维模式"的学生获知他们将一直学习新知识以执行不同的任务。这些"学习者"不仅比依靠固有才能的人更优秀，且他们在研究结束之前也会表现得更加自信。

运用积极心理学改善商业关系

我们做任何事情都需要与他人沟通和合作。无论工作性质如何，你都需要他人的参与来决定结果。第五章我们谈到了情商对工作的重要性，至于他人如何影响我们的工作发展，还有待讨论。

幸福感会提高工作效率和创造性。当我们感到快乐时，我们会热爱工作场所、享受工作任务。了解是什么活动让我们更投入、做得更好，然后再去看一看是什么让我们被他人认同并与其建立关系。我们与他人的关系能在很大程度上解释我们为何能享受工作。

> **洞见**　　喜悦、兴趣和爱，是对工作参与度和幸福感发挥关键作用的积极情绪。

你对下列问题的回答是肯定的吗？

- 在过去七天里，我因工作表现优异得到同事的认可和称赞。
- 我的上司（或其他人）看上去很关心我。
- 我在工作中遇到了鼓励我发展的人。
- 我的意见在工作中得到了重视。
- 我在工作中结交了一位好友。

● 在过去半年里，有同事说我的工作取得了进步。

被支持、被关怀，以及为公司做出了贡献并提供了实质性的帮助，这些是所有组织和商业关系中代表员工敬业度的普遍特质。培养员工产生这种情感的组织也会从较高的绩效和认知能力中获益。幸福感直接影响工作满意度和绩效，这些通常被视为利他行为。

如何在工作中提升沟通能力和人际关系

1. 认可

人人都渴望被他人认可，认可他人的行为也值得称赞。无论工作角色或职位是什么，对他人表达谢意也是一种认可。真心表达感谢很容易，也能产生显著的影响。发一封简短的电子邮件或发送一条短信来传达谢意会让对方感到开心，这种沟通方式如今司空见惯，人们渐渐忘记了手写信或卡片的功用。

● 思考如何在工作中表达感谢并认可对方。

● 互利互惠，慷慨地表达谢意。

● 真心实意。

小贴士

在午餐时间或下班后，你可以花点时间庆祝"快乐的一周"。一位公司主管为了感谢该公司的销售经理为公司带来的业绩，他送花到合作伙伴的公司，感谢对方的支持，因为他们对销售经理的成功功不可没。

2. 友谊

"交到好朋友"位于福祉列表的首位。我们将生活中的大部分时间用于工作，在工作中交到好朋友理应让你感到快乐。但情况并非总是如此，尤其是当你独自工作或在家办公时。朋友能给你自信和支持，让你一吐为快，帮你度过艰难时期，在工作场所通常能为你提供信息和知识。

- 珍惜工作伙伴。
- 留出时间和朋友或同事吃午餐。
- 尽量提供适当的支持，团队合作在任何情况下都是有效的。
- 发挥团队合作精神。
- 花时间与你喜欢的人合作。

3. 积极支持

你值得拥有朋友的支持，这对减轻工作压力很有效。

考虑周全、激励人心和乐于指导下属的上司能极大地影响员工的工作满意度；相反，上司自身的问题是导致冲突的普遍因素。

在工作中，有利于团队合作的因素包括：

- 工作汇报；
- 及时反馈；
- 工作任务明确。

> **洞见**   研究表明，当员工明白自己的工作内容且相信自己可以胜任时，其工作满意度和幸福感会大大提升。

4. 积极的团队合作

加入一支优秀的团队能让我们感到幸福。我们可以与团队成员共同关注过去的业绩，集思广益打造团队未来。研究表明，培养包容型道德理念，将公司的道德理念融于个人理念会培养出更佳的团队精神。

5. 建立信任

运用上一章提到的技能。

- 你是否做到了认真倾听？
- 与同事一起时你会保持安静吗？
- 他人的言外之意是什么？
- 自身优势如何在引领你的同时让你稳住现有的地位？

练习

    试着做汇报——用自己的话复述别人话里重要的、有意义的部分。你一开始可以说"我认为你希望我理解的是……"显然，你要选择适当的复述时机。

    我鼓励这类需要你关注或付出行动的对话或沟通。如果复述别人说过的话不合适，那就试着对你自己重复他们所说的话，好像你又听了一遍。

---

6. 慷慨

你还记得乔纳森·海德提到的"针锋相对"吗？无论在工作中还是在其他地方，该原理都适用。我们更乐意效劳和支持那些待我们如我们待他们那样的人。我们介绍业务给他人，他人才更可能为我们推荐业务，许多商业网络模式的建立都基于该原理。我不建议冷嘲热讽或支使他人。真诚、慷慨地待人会增进幸福感，该原则在工作场所及其他地方均适用。

7. 关注有用的事

第四章告诉我们，关注有用的事比担心没用的事更令人精力充沛。大卫·库柏里德（David Cooperrider）设计了一种好方法——鼓励组织发展过往的成功经验，创新地使用曾经实用的方法以达到最大效果。这个过程被称为欣赏式探询（Appreciative Inquiry），可针对组织中任意数量的人员进行。

练习

花时间记住并与他人分享个人生活或公司里的成功事迹。
思考以下问题：

- 是什么让这些事迹发挥作用的？
- 原因是什么？
- 当时谁与你在一起？
- 动力是什么？
- 哪些方面获得了成功？
- 什么才是有用的？

这些事可以来自你的部分经历，当你思考并分享它们时，就会发现哪些方面发挥了作用以及你运用了什么优势。然后，你就可以思考新的方法，将过去发挥作用的因素与眼前的问题相结合，想一想未来会发生什么以及目标是什么。

8. 乐观和悲观的作用

如图 10-1 所示，乐观者相信，他们比实际表现出来的更能控制事态，这是对压力的有效应对机制。请记住，乐观思维模式更有助于解决问题，对状况进行重新架构以便获得更清晰的认知。在工作场所，"需要解决问题"和"面临不利状况"在乐观者眼中是一笔财富；而悲观者更实际地对待不利境况，尽管缺乏毅力或可能回避问题，但他们一般擅长处理细节。有时，我们需要持悲观态度。

表 10-1　乐观者和悲观者在工作中的表现

	特点	消极方面
乐观者	解决问题，重新架构，有毅力，勇于直面状况，擅长应对情感压力	无法实事求是地面对不利境况，较少关注细节
悲观者	现实地面对负面事件 / 状况，擅长较细致的工作（如财务工作）	倾向于回避不利境况

积极心理学和有意义的工作

下述事项能决定工作幸福感：

● 公司的使命 / 目标让我觉得自己的工作是重要的；

● 我的同事（雇员）为了高质量地完成工作而付出努力；

● 我拥有个人成长的机会。

当你的才能和价值观与工作匹配时你会更幸福。有意义的工作是指你能从中体会到意义。在与你个人价值观相符的环境下，你更可能发现机会去实现重要的目标。

积极心理学还发现，有效的组织逐渐从"从员工那儿获得更多"的理念转向"对他们进行更多的投资"的理念。

在工作中积聚能量的一种好方法是，提升目标感和意义感。一般有三类方法可以描述工作。

- 将工作视为一份工作——你去上班因为你必须赚钱付账单。
- 将工作视为一份职业——你的工作有结构、有计划。你不一定正在从事理想的工作，但是你得朝着这个目标奋进。
- 将工作视为一种使命——工作是你的天职，它有内在的意义和目标，你感到自己与需求之外的事物有关联。你的使命和价值观与组织的相符，你热爱你所做的事情。

当运用第三种描述方式时——"将工作视为一种使命"——我们最幸福、最满足。但是我们很多人不够幸运，不知道自己在一生中想做什么。如果你大胆地发挥自身优势，培养服务态度并视之为有价值的事，所有工作都可以成为使命。是工作还是使命，取决于你拥有怎样的态度和技能。

洞见　　肯·罗宾逊（Ken Robinson）谈到，人们从小就被教导要设立远大的目标。他以一名聪慧的学生为例，这名小学生想成为一名消防员，有人说他应当做更有价值的事。几年后，他将自己的老师和妻子从车祸中解救。挽救他们的生命是否足够有价值？还有什么能比快乐、有意义地生活更有价值的呢？

让工作变成使命的方式如下。

- 考虑他人的需求，慷慨、同情和感同身受。
- 拥有自我意识，了解自身的信念、价值和动机，坚守信念。
- 有远见和原则，工作时遵守这些原则。
- 学习并成长，发展成长型思维模式，把错误和挫败视作经验，它们会告诉你该做什么事并培养你做事的能力。
- 赞美他人独特的方面。
- 信任自己，培养信任自己的勇气。
- 努力理解，追根究底，拓宽视野。
- 立足当下，拥抱此时此刻。
- 找到你想做的事并采取对你有意义的方式开展工作。

如何在更广阔的生活背景下让工作变得更有意义？根据不同的关注点和注意力，工作会有更多的目的和方向。

- 工作是为了赚钱养育孩子和支撑家庭。
- 工作为我提供了机会和挑战。
- 我做事精益求精，富有创造力。
- 我的部分收入花在舞蹈课上，工作让我能去做自己真正想做的事。同时，我试着尽可能多地公开表演，在工作中我有展示舞蹈才能的机会。
- 工作是升职的前提。我同时看重商业优势和公司经营内容，这种有序的工作环境适合我。工作的目的是让上级和同事从这种秩序中受益。

- 公司制定了环保政策，我可以让同事更多地意识到环保问题。为全局考虑至关重要。我的工作是蓝图的重要组成部分。
- 我的同事每天都能让我开怀大笑，我享受友情，我因为得到朋友们的认可而感到幸福。
- 今天我要做的工作很有趣／我需要认真完成／我是为他人而做的／我需要充满好奇心、投入热情或专注地完成。

变革型领导

任何组织的领导力都会形成、发展某种领导类型，领导力既是造船者又是舵手，做舵手时亲力亲为，参与其中。变革型领导者的特征包括下以四点。

- 有明确的领导力，可以传播组织愿景的价值、意义以及组织的发展方向。
- 在这种领导力下工作的员工更容易获得内在奖赏。员工被鼓励考虑自己，认识到自身的潜力，拥有自我发展和成长的机会。
- 善解人意，致力于提升领导能力。
- 具有团队意识。

领导力的这些方面可增强员工对组织的信任、认同、责任心和自豪感，它们是工作幸福感和满足感的关键要素。

领导要从背后助推，让员工相信他们是最重要的。

——纳尔逊·曼德拉（Nelson Mandela）

工作中的幸福感

我们要认真对待工作中的幸福感，其中包括很多相互关联的重要因素。工作中的积极情绪对认知、解决问题和发挥创造力等具有重要价值。积极心理学家相信，在变革型领导的团队背景下，那些能让员工有机会发挥自主性，顺利完成任务的环境更能孕育幸福感，促进人们的发展。在安全的环境下，如果你能体会"我们在做什么"以及"我们是谁"的重要性，那么你就会产生激发创造力和潜力的能量。满足这些需求的所有要素最终会增进员工的幸福感，让他们积极地投入工作，获得成长和发展的机会。

衡量和考虑变得日益复杂（这个过程必然是非线性的）。过去 20 年，人们过分相信预测成功的唯一指标就是智商或心理测验；现在，更多的因素（如幸福感和情感的重要性）逐渐获得认同。日益明显的是，商业的繁荣好比员工的发展，能产生很多积极方面，幸福是关键因素，但它不能决定一切。适应力强、睿智的领导者对有意义的积极实践持开放态度，能真正促进组织发展。当我们觉得自己很重要，做自己喜欢做的事时被他人认可，我们就会产生满足感，而要想实现所有员工的发展，让他们在内在驱动力下完成任务，则他们需要投入更大的热情并增强自身适应力。

小结

积极心理学是工作的一笔财富。毋庸置疑，我们始终要做好自己、照顾好自己。积极心理学一再证实，成功对快乐、满足和丰盛的生活而言并非最重要的部分。

- 人们渴望对工作感到满意。
- 许多人谈到，他们渴望在工作关系和工作本身中找到满足感。
- 无论你从事何种工作，都可能获得提高情商、培养同情心、提升自我认知的机会。
- 你在工作中能直面挑战，在他人支持下发挥潜能，并让他人有机会发现自身的才能和优势。
- 无论是对于领导者，还是员工，令人愉快的工作环境都能增进信任、认同感和责任感。

希望你在阅读本章后能充满希望，从工作中获得更强的幸福感和成就感。那样，每一天都好似一场冒险，让你有机会去做自己天生擅长的事。

后　记

　　本书对积极心理学进行了初步探讨，它能告诉你福祉包括哪些关键要素。

　　本书有三个关键主题值得谨记。首先是选择（我们选择从何开始，也能选择在此结尾）；其次是复杂性；最后是创造力。

选择

　　我们有选择的权利——选择如何思考、感受和行动。选择的方式会影响我们的所有实践。读完这本书你会：

- 更懂得感恩；
- 更豁达、更友善；
- 更积极地思考；
- 体验到更多乐趣；
- 为了目标奋斗，下定决心去执行；
- 选择看待事件、他人和周围世界的方式；
- 练习正念；
- 发现身边的美好和丰足；
- 让生活与价值观相符；
- 拥有更健康的时间观；

- 接受自己，赞扬自己的和他人的优势；

- 寻找生命的意义和目标；

- 勤锻炼，营养膳食。

事实上，我希望你能做更多选择，培养自主性，因为你是自己生活的创造者。纳尔逊·曼德拉从这个道理中得到启发，他认为哪怕你无法控制你的生活，你还能控制自己的思想。曼德拉的个人经历较好地说明了选择力所产生的巨大能量。

复杂性

我希望你注意到，不止一把钥匙能为你开启幸福、满意的生活之门。没有任何事物是简单的，但一切可以变得简单，你只需改变生活的一个小细节就会影响其他方面，从而产生一系列效应。

从某种程度上说，积极心理学试图发现那些创造美好生命的初始程序。哲学家和神秘主义者尝试了类似的过程并得出极为相似的结论。研究充分证实了古代神秘主义和哲学家的部分观点，这一点不足为奇。我们应当谨记的是，所有古文字——记载了展现人类繁荣的实践和行为——被后人以他们的名义记录下来。苏格拉底没有留下成文的记录，他的观点存在于实践中，通过故事的形式呼唤人们反思自身和他人。由此可见，我们在实践中才能真正理解这些观点。

科学家总是试图将事情分成很小的部分，然后从中全面理解和解释复杂的事物，从微小的方面看，似乎没什么能脱离科学意图。人类生活（甚至包括内心）不是孤立的，每个想法、词语和行动都与环境或他人交融：我们周围的环境或他人，自身的欲望和需求，雄心或恐惧，再加上任意反馈循环（当每个思想像回声测深仪的声波那样往返时就产生了任意反馈循环）都是相互关联的。

当我们感到幸福时，就会变得亲切、慷慨、懂得感恩，并且身心健康。当人们对成长和同情，感同身受和建立关系持开放心态时，会有更多生命（不仅是个体生命）欣欣向荣。正如人们认为微小企业融资是从内部改变社区经济优势并实现增长的强大力量，积极心理学也向我们展示了对世界及周围事物给予最少的关注能在多大程度上影响健康及身边的一切事物。积极心理学力求扩展上述信息，为个人提供从童年至老年的发展机会。每一次，当你专注于学习、个人成长和发展时，你改变的不仅是自身能力和幸福感，你还会改变思维和行为，这些改变将产生深远的影响。

人是复杂的生物，我们生活在一个复杂得连科学家也不能完全理解的世界里，而复杂性源于最微小、最简单的事。积极心理学的很多研究能产生蝴蝶效应。芭芭拉·弗雷德里克森曾告诉过我们，经典比例——"积极"与"消极"之比是 3∶1——会让积极效应达到临界点。这与混沌理论发现的效应相似。就像蝴蝶扇动翅膀能刮起飓风一样，人们在生活中所做的每个小改变都是重要的。有句格言总结得很好："因为少了颗马掌钉而失去了一匹马，因为少了一匹马而失去了一个骑兵，因为少了一个骑兵而打了一场败仗，因为打了一场败仗而失去了王国，这一切都是因为当初的那颗马掌钉啊！"

小警示

　　研究、理解"幸福安逸的生活"这一主题很重要。寻找开启福祉的钥匙可以激发理想观念。声称能让人过上健康、幸福生活的观念在实践中也许会遇挫，这种情况在历史长河中屡见不鲜。为了谨记教训，本书值得一读。积极心理学位于科学方法的前沿领域，它让我们了解是什么促进了人类兴旺发展，积极心理学声称它知道答案，但证实某事并付出行动可能会在其他方面产生意想不到的后果。例如，在 30 多年前，心理学家研究发现，抑郁症和自尊心弱有关。当心理学家更深入地研究自尊这个概念时，他们发现自尊心强有利于自身却对他人不利。自尊心强的人更可能咄咄逼人，欺负、欺骗他人，自私自利。由此可见，高度自尊也会产生消极的影响。我们有时因食物感到困扰——发现吃蓝莓能降低癌症和心脏病的患病率，而又知道只吃蓝莓可能会中毒。越来越多的研究显示出多样性所具有的功效。如果优势被过度运用或发挥不足，优势就会变成劣势，大胆采用新方法才能实现自我提升。

　　目前，积极心理学的相关主题和研究应当发挥教导而非命令的作用。产生幸福体验的主观情境很复杂，涉及"我们如何及为何思考"和"我们如何及为何感觉如此"的相互作用，该情境一部分来自基因遗传，另一部分来自后天习得。好消息是我们能积极影响生活的品质和自身感受。

创造力

　　本书未单独列出"创造力"主题，而丰盛生活的各个方面都富有创造力。我们所做的一切都富有创意，或者说都具有创造潜力。每次我们对他人微笑时就创造了一个宝贵瞬间。我们可以创新性地思考自己在行动时、在工作中以及与家人和朋友在一起时"我是谁"，尤其是在对环境产生影响的方面可以发挥创造力。简单的事也可以变得富有新意，我们都能成为吉尔伯特（Gilbert）和乔治（George）那样的表演艺术家。生活是由我们自己创造的，活得多姿多彩就能创造出更美好的事物。

在舒适和奢华中，有人能创造"地狱"；在潦倒和物质贫乏的情形下，有人能创造"天堂"。这些是你自己的选择，相信生活值得，信念才能创造现实。

思维导图

图 A-1 初看上去令人吃惊，图中的箭头代表的是已经被证实的因果关联。如果我们的所有想法和行动的综合效应能放到一页上，就会出现一张"蜘蛛网"！这张图会让你明白，有关积极心理学的所有事物都是相互关联的。当你成长、发展时，生活的某一方面会突然发生变化，于是一切都瞬间受到影响。

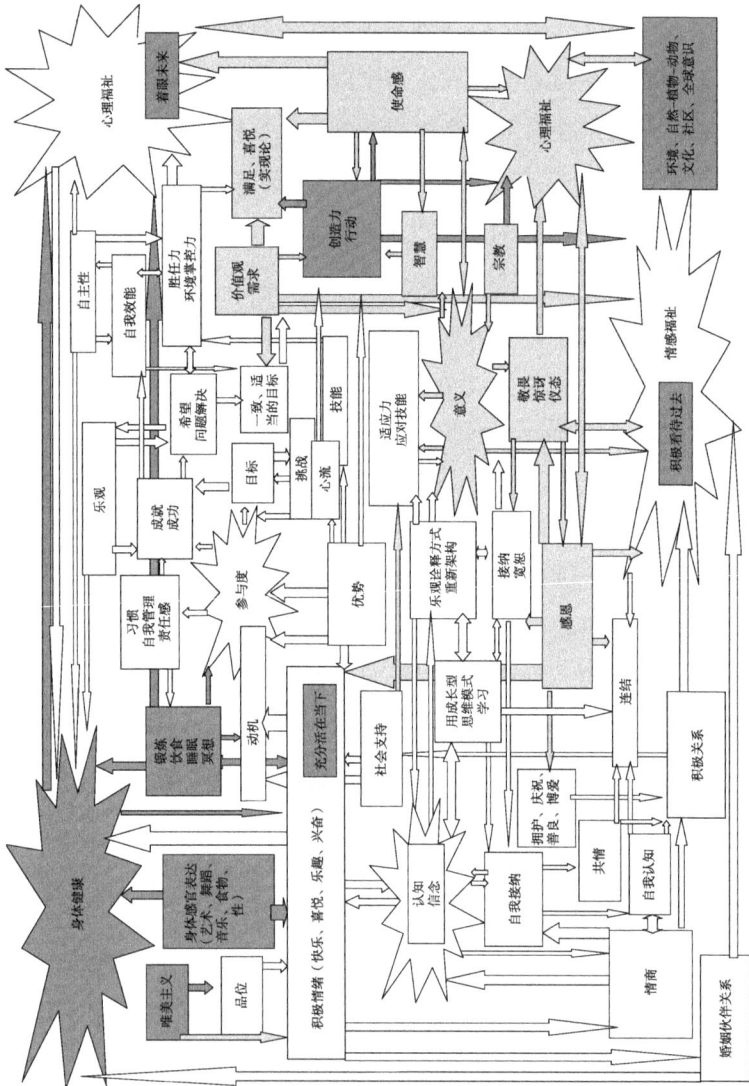

图 A-1　有关积极心理学的所有事物都是相互关联的

译者后记

感谢编辑与出版社的支持与信任，让我有幸与本书相遇。

译作完成时，新型冠状病毒肺炎疫情肆虐全球，疫情考验着人们应对恐慌、死亡、焦虑的心理素质，它引发我更多地思考本书和积极心理学这门新兴学科对社会发展的意义。

本书谈到，了解、管理自己的情感，建立良好的人际关系有益于个人福祉；与自然建立和谐、可持续的关系能让人们获得真正、广泛意义上的福祉，这是一种社会（群体）福祉。个人福祉离不开社会福祉，社会福祉建立在个人福祉之上。

根据马斯洛的需求层次理论，追求幸福健康的生活可理解为，在安全、爱和归属、自尊、自我实现的需求的共同作用下进行选择。从这个角度看，本书是加深个人对自身的了解和提升自我精神境界的佳作。感到幸福的人倾向于积极回馈社会。积极心理学在心理学领域还是一张年轻面孔，但它是科学的，是基于人本主义心理学和荣格关于生活意义的研究。20 世纪 30 年代从讨论婚姻幸福感开始，积极心理学在 20 世纪 60 年代对人类潜能做进一步研究——人们究竟有多大的能力发现、体验和管理幸福？尤其是在个人生活和社会环境发生翻天覆地的变化，人们对幸福的认知以及获得幸福的途径更具多样性和复杂性的情况下。不同于"治疗心理疾病"的消极心理学科，积极心理学关注美德和活力等积极特质。在阅读本书时，你将较少地受心理困苦的搅扰，而是如沐浴阳光般怀抱美好的回忆、积极活在当下、憧憬着未来。

幸福与不幸福是矛盾统一体。本书讨论的另一个重点是乐观与悲观的关系，这也是很多人在现实生活中所关心的话题。幸福的人一般是乐观的，乐观会产生幸福感；悲观的人常常感觉不幸福，不幸福会让人产生悲观情绪。我们常劝自己和他人保持乐观态度。本书不仅从理论上指导我们如何积极看待悲观，把悲观化为乐观，还提供了有趣、实用的生活实验，让读者做生活中的"心理学家"，帮助身边需要心理疏导的人。在现实生活中，没有人会时时开心、保持乐观，尤其是当遇到灾难或面临个人和家庭不幸时。积极心理学教导人们如何在压抑、悲观时找回乐观和幸福，做真实的自己，善待他人。

附　录　价值观列表

1	充裕	（Abundance）	17	警觉	（Alertness）
2	接纳	（Acceptance）	18	利他	（Altruism）
3	容易理解	（Accessibility）	19	野心	（Ambition）
4	技艺	（Accomplishment）	20	消遣	（Amusement）
5	准确性	（Accuracy）	21	预知	（Anticipation）
6	成就	（Achievement）	22	体谅	（Appreciation）
7	承认	（Acknowledgement）	23	易接近	（Approachability）
8	积极	（Activeness）	24	善表达	（Articulacy）
9	适应性	（Adaptability）	25	魄力	（Assertiveness）
10	崇拜	（Adoration）	26	确信	（Assurance）
11	熟练	（Adroitness）	27	注意力	（Attentiveness）
12	冒险	（Adventure）	28	吸引力	（Attractiveness）
13	喜爱	（Affection）	29	大胆	（Audacity）
14	富贵	（Affluence）	30	实用性	（Availability）
15	进取	（Aggressiveness）	31	意识	（Awareness）
16	敏捷	（Agility）	32	敬畏	（Awe）

33	平衡	（Balance）	55	贞洁	（Chastity）
34	美丽	（Beauty）	56	轻快	（Cheerfulness）
35	最优	（Being the best）	57	明晰	（Clarity）
36	归属	（Belonging）	58	清洁	（Cleanliness）
37	仁爱	（Benevolence）	59	清醒	（Clear-mindedness）
38	福佑	（Bliss）	60	聪明	（Cleverness）
39	大胆	（Boldness）	61	亲密	（Closeness）
40	勇敢	（Bravery）	62	舒适	（Comfort）
41	才华	（Brilliance）	63	责任心	（Commitment）
42	心情轻松	（Buoyancy）	64	同情	（Compassion）
43	平静	（Calmness）	65	完成	（Completion）
44	同事情谊	（Camaraderie）	66	沉着	（Composure）
45	正直	（Candour）	67	专心	（Concentration）
46	才能	（Capability）	68	自信	（Confidence）
47	关怀	（Care）	69	遵从	（Conformity）
48	细致	（Carefulness）	70	连贯	（Congruency）
49	小心	（Cautious）	71	关联	（Connection）
50	名声	（Celebrity）	72	觉悟	（Consciousness）
51	确定	（Certainty）	73	一致性	（Consistency）
52	挑战	（Challenge）	74	满足	（Contentment）
53	慈善	（Charity）	75	连续	（Continuity）
54	魅力	（Charm）	76	贡献	（Contribution）

77	控制	（Control）	99	决心	（Determination）
78	坚信	（Conviction）	100	忠诚	（Devotion）
79	欢乐	（Conviviality）	101	虔诚	（Devoutness）
80	冷静	（Coolness）	102	灵巧	（Dexterity）
81	合作	（Cooperation）	103	高贵	（Dignity）
82	真挚	（Cordiality）	104	勤奋	（Diligence）
83	正确	（Correctness）	105	指导	（Direction）
84	勇气	（Courage）	106	率直	（Directness）
85	礼貌	（Courtesy）	107	纪律	（Discipline）
86	巧妙	（Craftiness）	108	发现	（Discovery）
87	创意	（Creativity）	109	谨慎	（Discretion）
88	可信	（Credibility）	110	差异化	（Diversity）
89	巧妙	（Cunning）	111	支配	（Dominance）
90	好奇	（Curiosity）	112	梦想	（Dreaming）
91	胆量	（Daring）	113	驱动力	（Drive）
92	果断	（Decisiveness）	114	职责	（Duty）
93	礼仪	（Decorum）	115	活力	（Dynamism）
94	防御	（Deference）	116	渴望	（Eagerness）
95	高兴	（Delight）	117	节约	（Economy）
96	依赖	（Dependability）	118	狂喜	（Ecstasy）
97	深度	（Depth）	119	教育	（Education）
98	欲望	（Desire）	120	效力	（Effectiveness）

121	效率	（Efficiency）	143	公平	（Fairness）
122	兴高采烈	（Elation）	144	信仰	（Faith）
123	优雅	（Elegance）	145	名望	（Fame）
124	共情	（Empathy）	146	家庭	（Family）
125	激励	（Encouragement）	147	着迷	（Fascination）
126	忍耐	（Endurance）	148	时尚	（Fashion）
127	能量	（Energy）	149	无惧	（Fearlessness）
128	享受	（Enjoyment）	150	残忍	（Ferocity）
129	娱乐	（Entertainment）	151	尽职	（Fidelity）
130	热情	（Enthusiasm）	152	凶猛	（Fierceness）
131	卓越	（Excellence）	153	财务自由	（Financial independence）
132	兴奋	（Excitement）			
133	欢欣	（Exhilaration）	154	坚定	（Firmness）
134	期望	（Expectancy）	155	健身	（Fitness）
135	权宜	（Expediency）	156	灵活	（Flexibility）
136	经验	（Experience）	157	心流	（Flow）
137	专长	（Expertise）	158	流畅	（Fluency）
138	探究	（Exploration）	159	专注	（Focus）
139	表情丰富	（Expressiveness）	160	刚毅	（Fortitude）
140	奢侈	（Extravagance）	161	坦率	（Frankness）
141	外向	（Extroversion）	162	自由	（Freedom）
142	慷慨激昂	（Exuberance）	163	友好	（Friendliness）
			164	节省	（Frugality）

165	乐趣	（Fun）	187	卫生	（Hygiene）
166	殷勤	（Gallantry）	188	想象	（Imagination）
167	慷慨	（Generosity）	189	影响	（Impact）
168	文雅	（Gentility）	190	公正	（Impartiality）
169	给予	（Giving）	191	独立	（Independence）
170	恩惠	（Grace）	192	勤奋	（Industry）
171	感激	（Gratitude）	193	心灵手巧	（Ingenuity）
172	成长	（Growth）	194	求知欲	（Inquisitiveness）
173	引导	（Guidance）	195	洞察力	（Insightfulness）
174	幸福	（Happiness）	196	灵感	（Inspiration）
175	融洽	（Harmony）	197	诚信	（Integrity）
176	健康	（Health）	198	才智	（Intelligence）
177	感情	（Heart）	199	紧张	（Intensity）
178	有益	（Helpfulness）	200	亲密	（Intimacy）
179	英勇	（Heroism）	201	强悍	（Intrepidness）
180	神圣	（Holiness）	202	内向	（Introversion）
181	诚实	（Honesty）	203	直觉力	（Intuition）
182	崇敬	（Honour）	204	直觉性	（Intuitiveness）
183	有希望	（Hopefulness）	205	发明的才能	（Inventiveness）
184	好客	（Hospitality）	206	投入	（Investing）
185	谦恭	（Humility）	207	喜悦	（Joy）
186	幽默	（Humour）	208	明智	（Judiciousness）

209	正义	（Justice）	231	神秘	（Mysteriousness）
210	敏锐	（Keenness）	232	整洁	（Neatness）
211	亲切	（Kindness）	233	气魄	（Nerve）
212	知识	（Knowledge）	234	服从	（Obedience）
213	领导力	（Leadership）	235	心胸宽广	（Open-mindedness）
214	学习	（Learning）	236	率真	（Openness）
215	解放	（Liberation）	237	乐观	（Optimism）
216	自由	（Liberty）	238	秩序	（Order）
217	活泼	（Liveliness）	239	组织	（Organisation）
218	逻辑	（Logic）	240	独创	（Originality）
219	长寿	（Longevity）	241	奇异	（Outlandishness）
220	爱	（Love）	242	强势	（Outrageousness）
221	忠诚	（Loyalty）	243	激情	（Passion）
222	与众不同	（Making a difference）	244	和平	（Peace）
223	掌控	（Mastery）	245	理解力	（Perceptiveness）
224	成熟	（Maturity）	246	完美	（Perfection）
225	温顺	（Meekness）	247	坚持不懈	（Perseverance）
226	老练	（Mellowness）	248	持续	（Persistence）
227	谨小慎微	（Meticulousness）	249	说服	（Persuasiveness）
228	正念	（Mindfulness）	250	博爱	（Philanthropy）
229	稳重	（Modesty）	251	孝敬	（Piety）
230	动力	（Motivation）	252	嬉闹	（Playfulness）

253	和蔼	（Pleasantness）	275	赞誉	（Recognition）
254	乐趣	（Pleasure）	276	娱乐	（Recreation）
255	镇静	（Poise）	277	改进	（Refinement）
256	娴熟	（Polish）	278	反思	（Reflection）
257	受欢迎	（Popularity）	279	放松	（Relaxation）
258	权势	（Potency）	280	可靠	（Reliability）
259	力量	（Power）	281	笃信	（Religiousness）
260	实际	（Practicality）	282	适应力	（Resilience）
261	务实	（Pragmatism）	283	决心	（Resolution）
262	精确	（Precision）	284	坚决	（Resolve）
263	有准备	（Preparedness）	285	足智多谋	（Resourcefulness）
264	风度	（Presence）	286	尊敬	（Respect）
265	隐私	（Privacy）	287	休息	（Rest）
266	主动性	（Proactivity）	288	限制	（Restraint）
267	专业精神	（Professionalism）	289	崇敬	（Reverence）
268	繁荣	（Prosperity）	290	华美	（Richness）
269	审慎	（Prudence）	291	严厉	（Rigour）
270	守时	（Punctuality）	292	浪漫	（Romance）
271	纯洁	（Purity）	293	神圣	（Sacredness）
272	现实主义	（Realism）	294	牺牲	（Sacrifice）
273	理性	（Reason）	295	睿智	（Sagacity）
274	合理性	（Reasonableness）	296	圣洁	（Saintliness）

297	乐天	（Sanguinity）
298	满意	（Satisfaction）
299	安全	（Security）
300	自控	（Self-control）
301	无私	（Selflessness）
302	自力更生	（Self-reliance）
303	敏感	（Sensitivity）
304	快感	（Sensuality）
305	宁静	（Serenity）
306	服务	（Service）
307	性欲	（Sexuality）
308	共享	（Sharing）
309	精明	（Shrewdness）
310	重要性	（Significance）
311	安静	（Silence）
312	愚蠢	（Silliness）
313	朴素	（Simplicity）
314	真诚	（Sincerity）
315	灵巧	（Skilfulness）
316	团结	（Solidarity）
317	孤独	（Solitude）
318	速度	（Speed）

319	精神	（Spirit）
320	灵性	（Spirituality）
321	自发性	（Spontaneity）
322	稳定	（Stability）
323	沉静	（Stillness）
324	力量	（Strength）
325	结构	（Structure）
326	成功	（Success）
327	支持	（Support）
328	主权	（Supremacy）
329	惊喜	（Surprise）
330	同情	（Sympathy）
331	协同	（Synergy）
332	团队合作	（Teamwork）
333	自我克制	（Temperance）
334	感激	（Thankfulness）
335	彻底	（Thoroughness）
336	体贴	（Thoughtfulness）
337	节俭	（Thrift）
338	整齐	（Tidiness）
339	及时	（Timeliness）
340	传统主义	（Traditionalism）

341	安定	（Tranquillity）		356	美德	（Virtue）
342	超然	（Transcendence）		357	远见	（Vision）
343	信任	（Trust）		358	活力	（Vitality）
344	信誉	（Trustworthiness）		359	精力充沛	（Vivacity）
345	真理	（Truth）		360	温暖	（Warmth）
346	理解	（Understanding）		361	防范	（Wariness）
347	镇定	（Unflappability）		362	财富	（Wealth）
348	独特	（Uniqueness）		363	任性	（Wilfulness）
349	统一	（Unity）		364	情愿	（Willingness）
350	可用性	（Usefulness）		365	可爱	（Winning）
351	实用	（Utility）		366	智慧	（Wisdom）
352	英勇	（Valour）		367	机智	（Wittiness）
353	多样化	（Variety）		368	惊叹	（Wonder）
354	胜利	（Victory）		369	朝气蓬勃	（Youthfulness）
355	气势	（Vigour）				

版权声明